KOREANISCH
WORTSCHATZ

FÜR DAS SELBSTSTUDIUM

DEUTSCH
KOREANISCH

Die nützlichsten Wörter
Zur Erweiterung Ihres Wortschatzes und
Verbesserung der Sprachfertigkeit

5000 Wörter

Wortschatz Deutsch-Koreanisch für das Selbststudium - 5000 Wörter
Von Andrey Taranov

T&P Books Vokabelbücher sind dafür vorgesehen, beim Lernen einer Fremdsprache zu helfen, Wörter zu memorieren und zu wiederholen. Das Wörterbuch ist nach Themen aufgeteilt und deckt alle wichtigen Bereiche des täglichen Lebens, Berufs, Wissenschaft, Kultur etc. ab.

Durch das Benutzen der themenbezogenen T&P Books ergeben sich folgende Vorteile für den Lernprozess:

- Sachgemäß geordnete Informationen bestimmen den späteren Erfolg auf den darauffolgenden Stufen der Memorisierung
- Die Verfügbarkeit von Wörtern, die sich aus der gleichen Wurzel ableiten lassen, erlaubt die Memorisierung von Worteinheiten (mehr als bei einzeln stehenden Wörtern)
- Kleine Worteinheiten unterstützen den Aufbauprozess von assoziativen Verbindungen für die Festigung des Wortschatzes
- Die Kenntnis der Sprache kann aufgrund der Anzahl der gelernten Wörter eingeschätzt werden

Copyright © 2018 T&P Books Publishing

Alle Rechte vorbehalten. Auszüge dieses Buches dürfen nicht ohne schriftliche Erlaubnis des Herausgebers abgedruckt oder mit anderen elektronischen oder mechanischen Mitteln, einschließlich Photokopierung, Aufzeichnung oder durch Informationsspeicherung- und Rückgewinnungssysteme, oder in irgendeiner anderen Form verwendet werden.

T&P Books Publishing
www.tpbooks.com

ISBN: 978-1-78616-574-9

Dieses Buch ist auch im E-Book Format erhältlich.
Besuchen Sie uns auch auf www.tpbooks.com oder auf einer der bedeutenden Buchhandlungen online.

WORTSCHATZ DEUTSCH-KOREANISCH
für das Selbststudium

Die Vokabelbücher von T&P Books sind dafür vorgesehen, Ihnen beim Lernen einer Fremdsprache zu helfen, Wörter zu memorieren und zu wiederholen. Der Wortschatz enthält über 5000 häufig gebrauchte, thematisch geordnete Wörter.

- Der Wortschatz enthält die am häufigsten benutzten Wörter
- Eignet sich als Ergänzung zu jedem Sprachkurs
- Erfüllt die Bedürfnisse von Anfängern und fortgeschrittenen Lernenden von Fremdsprachen
- Praktisch für den täglichen Gebrauch, zur Wiederholung und um sich selbst zu testen
- Ermöglicht es, Ihren Wortschatz einzuschätzen

Besondere Merkmale des Wortschatzes:

- Wörter sind entsprechend ihrer Bedeutung und nicht alphabetisch organisiert
- Wörter werden in drei Spalten präsentiert, um das Wiederholen und den Selbstüberprüfungsprozess zu erleichtern
- Wortgruppen werden in kleinere Einheiten aufgespalten, um den Lernprozess zu fördern
- Der Wortschatz bietet eine praktische und einfache Lautschrift jedes Wortes der Fremdsprache

Der Wortschatz hat 155 Themen, einschließlich:

Grundbegriffe, Zahlen, Farben, Monate, Jahreszeiten, Maßeinheiten, Kleidung und Accessoires, Essen und Ernährung, Restaurant, Familienangehörige, Verwandte, Charaktereigenschaften, Empfindungen, Gefühle, Krankheiten, Großstadt, Kleinstadt, Sehenswürdigkeiten, Einkaufen, Geld, Haus, Zuhause, Büro, Import & Export, Marketing, Arbeitssuche, Sport, Ausbildung, Computer, Internet, Werkzeug, Natur, Länder, Nationalitäten und vieles mehr...

INHALT

Leitfaden für die Aussprache	9
Abkürzungen	11

GRUNDBEGRIFFE	12
Grundbegriffe. Teil 1	12

1.	Pronomen	12
2.	Grüße. Begrüßungen. Verabschiedungen	12
3.	Jemanden ansprechen	13
4.	Grundzahlen. Teil 1	13
5.	Grundzahlen. Teil 2	14
6.	Ordnungszahlen	15
7.	Zahlen. Brüche	15
8.	Zahlen. Grundrechenarten	15
9.	Zahlen. Verschiedenes	15
10.	Die wichtigsten Verben. Teil 1	16
11.	Die wichtigsten Verben. Teil 2	17
12.	Die wichtigsten Verben. Teil 3	18
13.	Die wichtigsten Verben. Teil 4	19
14.	Farben	20
15.	Fragen	20
16.	Präpositionen	21
17.	Funktionswörter. Adverbien. Teil 1	21
18.	Funktionswörter. Adverbien. Teil 2	23

Grundbegriffe. Teil 2	25

19.	Wochentage	25
20.	Stunden. Tag und Nacht	25
21.	Monate. Jahreszeiten	26
22.	Maßeinheiten	28
23.	Behälter	28

DER MENSCH	30
Der Mensch. Körper	30

24.	Kopf	30
25.	Menschlicher Körper	31

Kleidung & Accessoires	32

26.	Oberbekleidung. Mäntel	32
27.	Men's & women's clothing	32

28. Kleidung. Unterwäsche 33
29. Kopfbekleidung 33
30. Schuhwerk 33
31. Persönliche Accessoires 34
32. Kleidung. Verschiedenes 34
33. Kosmetikartikel. Kosmetik 35
34. Armbanduhren Uhren 36

Essen. Ernährung 37

35. Essen 37
36. Getränke 38
37. Gemüse 39
38. Obst. Nüsse 40
39. Brot. Süßigkeiten 41
40. Gerichte 41
41. Gewürze 42
42. Mahlzeiten 43
43. Gedeck 44
44. Restaurant 44

Familie, Verwandte und Freunde 45

45. Persönliche Informationen. Formulare 45
46. Familienmitglieder. Verwandte 45

Medizin 47

47. Krankheiten 47
48. Symptome. Behandlungen. Teil 1 48
49. Symptome. Behandlungen. Teil 2 49
50. Symptome. Behandlungen. Teil 3 50
51. Ärzte 51
52. Medizin. Medikamente. Accessoires 51

LEBENSRAUM DES MENSCHEN 52
Stadt 52

53. Stadt. Leben in der Stadt 52
54. Innerstädtische Einrichtungen 53
55. Schilder 54
56. Innerstädtischer Transport 55
57. Sehenswürdigkeiten 56
58. Shopping 57
59. Geld 58
60. Post. Postdienst 59

Wohnung. Haus. Zuhause 60

61. Haus. Elektrizität 60

62. Villa. Schloss	60
63. Wohnung	60
64. Möbel. Innenausstattung	61
65. Bettwäsche	62
66. Küche	62
67. Bad	63
68. Haushaltsgeräte	64

AKTIVITÄTEN DES MENSCHEN	65
Beruf. Geschäft. Teil 1	65
69. Büro. Arbeiten im Büro	65
70. Geschäftsabläufe. Teil 1	66
71. Geschäftsabläufe. Teil 2	67
72. Fertigung. Arbeiten	68
73. Vertrag. Zustimmung	69
74. Import & Export	70
75. Finanzen	70
76. Marketing	71
77. Werbung	71
78. Bankgeschäft	72
79. Telefon. Telefongespräche	73
80. Mobiltelefon	73
81. Bürobedarf	74
82. Geschäftsarten	74

Arbeit. Geschäft. Teil 2	77
83. Show. Ausstellung	77
84. Wissenschaft. Forschung. Wissenschaftler	78

Berufe und Tätigkeiten	79
85. Arbeitsuche. Kündigung	79
86. Geschäftsleute	79
87. Dienstleistungsberufe	80
88. Militärdienst und Ränge	81
89. Beamte. Priester	82
90. Landwirtschaftliche Berufe	82
91. Künstler	83
92. Verschiedene Berufe	83
93. Beschäftigung. Sozialstatus	85

Ausbildung	86
94. Schule	86
95. Hochschule. Universität	87
96. Naturwissenschaften. Fächer	88
97. Schrift Rechtschreibung	88
98. Fremdsprachen	89

Erholung. Unterhaltung. Reisen	91
99. Ausflug. Reisen	91
100. Hotel	91

TECHNISCHES ZUBEHÖR. TRANSPORT	93
Technisches Zubehör	93
101. Computer	93
102. Internet. E-Mail	94
103. Elektrizität	95
104. Werkzeug	95

Transport	98
105. Flugzeug	98
106. Zug	99
107. Schiff	100
108. Flughafen	101

Lebensereignisse	103
109. Feiertage. Ereignis	103
110. Bestattungen. Begräbnis	104
111. Krieg. Soldaten	104
112. Krieg. Militärische Aktionen. Teil 1	105
113. Krieg. Militärische Aktionen. Teil 2	107
114. Waffen	108
115. Menschen der Antike	110
116. Mittelalter	110
117. Führungspersonen. Chef. Behörden	112
118. Gesetzesverstoß Verbrecher. Teil 1	113
119. Gesetzesbruch. Verbrecher. Teil 2	114
120. Polizei Recht. Teil 1	115
121. Polizei. Recht. Teil 2	116

NATUR	118
Die Erde. Teil 1	118
122. Weltall	118
123. Die Erde	119
124. Himmelsrichtungen	120
125. Meer. Ozean	120
126. Namen der Meere und Ozeane	121
127. Berge	122
128. Namen der Berge	123
129. Flüsse	123
130. Namen der Flüsse	124
131. Wald	124
132. natürliche Lebensgrundlagen	125

Die Erde. Teil 2	127
133. Wetter	127
134. Unwetter Naturkatastrophen	128

Fauna	129
135. Säugetiere. Raubtiere	129
136. Tiere in freier Wildbahn	129
137. Haustiere	130
138. Vögel	131
139. Fische. Meerestiere	132
140. Amphibien Reptilien	133
141. Insekten	134

Flora	135
142. Bäume	135
143. Büsche	135
144. Obst. Beeren	136
145. Blumen. Pflanzen	136
146. Getreide, Körner	138

LÄNDER. NATIONALITÄTEN	139
147. Westeuropa	139
148. Mittel- und Osteuropa	139
149. Frühere UdSSR Republiken	140
150. Asien	140
151. Nordamerika	141
152. Mittel- und Südamerika	141
153. Afrika	142
154. Australien. Ozeanien	142
155. Städte	142

LEITFADEN FÜR DIE AUSSPRACHE

Buchstabe	Koreanisch Beispiel	T&P phonetisches Alphabet	Deutsch Beispiel

Konsonanten

ㄱ	[1]	개	[k]	Kalender
ㄱ	[2]	아기	[g]	gelb
ㄲ		껌	[k]	gackern
ㄴ		눈	[n]	nicht
ㄷ	[3]	달	[t]	still
ㄷ	[4]	사다리	[d]	Detektiv
ㄸ		딸	[t]	Futter
ㄹ	[5]	라디오	[r]	richtig
ㄹ	[6]	십팔	[l]	Juli
ㅁ		문	[m]	Mitte
ㅂ	[7]	봄	[p]	Polizei
ㅂ	[8]	아버지	[b]	Brille
ㅃ		빵	[p]	Schuppe
ㅅ	[9]	실	[s]	sein
ㅅ	[10]	옷	[t]	still
ㅆ		쌀	[ja:]	Jacke
ㅇ	[11]	강	[ŋg]	Grüngemüse
ㅈ	[12]	집	[tɕ]	ähnlich wie tch oder tj in Brötchen oder tja
ㅈ	[13]	아주	[dʑ]	Jeans
ㅉ		잠	[tɕ]	ähnlich wie in Deutsch
ㅊ		차	[tɕh]	aspiriert [tsch]
ㅌ		택시	[th]	Mädchen
ㅋ		칼	[kh]	Flughafen
ㅍ		포도	[ph]	Abhang
ㅎ		한국	[h]	brauchbar

Buchstabe	Koreanisch Beispiel	T&P phonetisches Alphabet	Deutsch Beispiel

Vokale und Verbindungen mit Vokalen

Buchstabe	Koreanisch Beispiel	T&P phonetisches Alphabet	Deutsch Beispiel
ㅏ	사	[a]	schwarz
ㅑ	향	[ja]	Jacke
ㅓ	머리	[ʌ]	Gas
ㅕ	병	[jɑ]	Jacke
ㅗ	몸	[o]	orange
ㅛ	표	[jɔ]	Jordanien
ㅜ	물	[u]	kurz
ㅠ	슈퍼	[ju]	Verzeihung
ㅡ	음악	[ɪ]	Mitte
ㅣ	길	[i], [i:]	Wieviel
ㅐ	뱀	[ɛ], [ɛ:]	essen
ㅒ	애기	[je]	Petersilie
ㅔ	펜	[e]	Pferde
ㅖ	계산	[je]	Petersilie
ㅘ	왕	[wa]	schwanger
ㅙ	왜	[ʊə]	Unruhe
ㅚ	회의	[ø], [we]	können, web
ㅝ	권	[uɔ]	Spirituosen
ㅞ	웬	[ʊə]	Unruhe
ㅟ	쥐	[wi]	kiwi
ㅢ	거의	[ɯi]	Kombination [ɪi]

Anmerkungen

[1] am Wortanfang
[2] zwischen stimmhaften Lauten
[3] am Wortanfang
[4] zwischen stimmhaften Lauten
[5] am Silbenanfang
[6] am Silbenende
[7] am Wortanfang
[8] zwischen stimmhaften Lauten
[9] am Silbenanfang
[10] am Silbenende
[11] am Silbenende
[12] am Wortanfang
[13] zwischen stimmhaften Lauten

ABKÜRZUNGEN
die im Vokabular verwendet werden

Deutsch. Abkürzungen

Adj	-	Adjektiv
Adv	-	Adverb
Amtsspr.	-	Amtssprache
f	-	Femininum
f, n	-	Femininum, Neutrum
Fem.	-	Femininum
m	-	Maskulinum
m, f	-	Maskulinum, Femininum
m, n	-	Maskulinum, Neutrum
Mask.	-	Maskulinum
n	-	Neutrum
pl	-	Plural
Sg.	-	Singular
ugs.	-	umgangssprachlich
unzähl.	-	unzählbar
usw.	-	und so weiter
v mod	-	Modalverb
vi	-	intransitives Verb
vi, vt	-	intransitives, transitives Verb
vt	-	transitives Verb
zähl.	-	zählbar
z.B.	-	zum Beispiel

GRUNDBEGRIFFE

Grundbegriffe. Teil 1

1. Pronomen

ich	나, 저	na
du	너	neo
er	그, 그분	geu, geu-bun
sie	그녀	geu-nyeo
es	그것	geu-geot
wir	우리	u-ri
ihr	너희	neo-hui
Sie (Sg.)	당신	dang-sin
sie	그들	geu-deul

2. Grüße. Begrüßungen. Verabschiedungen

Hallo! (ugs.)	안녕!	an-nyeong!
Hallo! (Amtsspr.)	안녕하세요!	an-nyeong-ha-se-yo!
Guten Morgen!	안녕하세요!	an-nyeong-ha-se-yo!
Guten Tag!	안녕하세요!	an-nyeong-ha-se-yo!
Guten Abend!	안녕하세요!	an-nyeong-ha-se-yo!
grüßen (vi, vt)	인사하다	in-sa-ha-da
Hallo! (ugs.)	안녕!	an-nyeong!
Gruß (m)	인사	in-sa
begrüßen (vt)	인사하다	in-sa-ha-da
Wie geht's?	잘 지내세요?	jal ji-nae-se-yo?
Was gibt es Neues?	어떻게 지내?	eo-tteo-ke ji-nae?
Auf Wiedersehen!	안녕히 가세요!	an-nyeong-hi ga-se-yo!
Bis bald!	또 만나요!	tto man-na-yo!
Lebe wohl!	잘 있어!	jal ri-seo!
Leben Sie wohl!	안녕히 계세요!	an-nyeong-hi gye-se-yo!
sich verabschieden	작별인사를 하다	jak-byeo-rin-sa-reul ha-da
Tschüs!	안녕!	an-nyeong!
Danke!	감사합니다!	gam-sa-ham-ni-da!
Dankeschön!	대단히 감사합니다!	dae-dan-hi gam-sa-ham-ni-da!
Bitte (Antwort)	천만이에요	cheon-man-i-e-yo
Keine Ursache.	천만의 말씀입니다	cheon-man-ui mal-sseum-im-ni-da
Nichts zu danken.	천만에	cheon-man-e

Entschuldige!	실례!	sil-lye!
Entschuldigung!	실례합니다!	sil-lye-ham-ni-da!
entschuldigen (vt)	용서하다	yong-seo-ha-da
sich entschuldigen	사과하다	sa-gwa-ha-da
Verzeihung!	사과드립니다	sa-gwa-deu-rim-ni-da
Es tut mir leid!	죄송합니다!	joe-song-ham-ni-da!
verzeihen (vt)	용서하다	yong-seo-ha-da
bitte (Die Rechnung, ~!)	부탁합니다	bu-tak-am-ni-da
Nicht vergessen!	잊지 마십시오!	it-ji ma-sip-si-o!
Natürlich!	물론이에요!	mul-lon-i-e-yo!
Natürlich nicht!	물론 아니에요!	mul-lon a-ni-e-yo!
Gut! Okay!	그래요!	geu-rae-yo!
Es ist genug!	그만!	geu-man!

3. Jemanden ansprechen

Herr	선생	seon-saeng
Frau	여사님	yeo-sa-nim
Frau (Fräulein)	아가씨	a-ga-ssi
Junger Mann	젊은 분	jeol-meun bun
Junge	꼬마	kko-ma
Mädchen	꼬마	kko-ma

4. Grundzahlen. Teil 1

null	영	yeong
eins	일	il
zwei	이	i
drei	삼	sam
vier	사	sa
fünf	오	o
sechs	육	yuk
sieben	칠	chil
acht	팔	pal
neun	구	gu
zehn	십	sip
elf	십일	si-bil
zwölf	십이	si-bi
dreizehn	십삼	sip-sam
vierzehn	십사	sip-sa
fünfzehn	십오	si-bo
sechzehn	십육	si-byuk
siebzehn	십칠	sip-chil
achtzehn	십팔	sip-pal
neunzehn	십구	sip-gu
zwanzig	이십	i-sip
einundzwanzig	이십일	i-si-bil

| zweiundzwanzig | 이십이 | i-si-bi |
| dreiundzwanzig | 이십삼 | i-sip-sam |

dreißig	삼십	sam-sip
einunddreißig	삼십일	sam-si-bil
zweiunddreißig	삼십이	sam-si-bi
dreiunddreißig	삼십삼	sam-sip-sam

vierzig	사십	sa-sip
einundvierzig	사십일	sa-si-bil
zweiundvierzig	사십이	sa-si-bi
dreiundvierzig	사십삼	sa-sip-sam

fünfzig	오십	o-sip
einundfünfzig	오십일	o-si-bil
zweiundfünfzig	오십이	o-si-bi
dreiundfünfzig	오십삼	o-sip-sam

sechzig	육십	yuk-sip
einundsechzig	육십일	yuk-si-bil
zweiundsechzig	육십이	yuk-si-bi
dreiundsechzig	육십삼	yuk-sip-sam

siebzig	칠십	chil-sip
einundsiebzig	칠십일	chil-si-bil
zweiundsiebzig	칠십이	chil-si-bi
dreiundsiebzig	칠십삼	chil-sip-sam

achtzig	팔십	pal-sip
einundachtzig	팔십일	pal-si-bil
zweiundachtzig	팔십이	pal-si-bi
dreiundachtzig	팔십삼	pal-sip-sam

neunzig	구십	gu-sip
einundneunzig	구십일	gu-si-bil
zweiundneunzig	구십이	gu-si-bi
dreiundneunzig	구십삼	gu-sip-sam

5. Grundzahlen. Teil 2

einhundert	백	baek
zweihundert	이백	i-baek
dreihundert	삼백	sam-baek
vierhundert	사백	sa-baek
fünfhundert	오백	o-baek

sechshundert	육백	yuk-baek
siebenhundert	칠백	chil-baek
achthundert	팔백	pal-baek
neunhundert	구백	gu-baek

eintausend	천	cheon
zweitausend	이천	i-cheon
dreitausend	삼천	sam-cheon

zehntausend	만	man
hunderttausend	십만	sim-man
Million (f)	백만	baeng-man
Milliarde (f)	십억	si-beok

6. Ordnungszahlen

der erste	첫 번째의	cheot beon-jjae-ui
der zweite	두 번째의	du beon-jjae-ui
der dritte	세 번째의	se beon-jjae-ui
der vierte	네 번째의	ne beon-jjae-ui
der fünfte	다섯 번째의	da-seot beon-jjae-ui
der sechste	여섯 번째의	yeo-seot beon-jjae-ui
der siebte	일곱 번째의	il-gop beon-jjae-ui
der achte	여덟 번째의	yeo-deol beon-jjae-ui
der neunte	아홉 번째의	a-hop beon-jjae-ui
der zehnte	열 번째의	yeol beon-jjae-ui

7. Zahlen. Brüche

Bruch (m)	분수	bun-su
Hälfte (f)	이분의 일	i-bun-ui il
Drittel (n)	삼분의 일	sam-bun-ui il
Viertel (n)	사분의 일	sa-bun-ui il
Achtel (m, n)	팔분의 일	pal-bun-ui il
Zehntel (n)	십분의 일	sip-bun-ui il
zwei Drittel	삼분의 이	sam-bun-ui i
drei Viertel	사분의 삼	sa-bun-ui sam

8. Zahlen. Grundrechenarten

Subtraktion (f)	빼기	ppae-gi
subtrahieren (vt)	빼다	ppae-da
Division (f)	나누기	na-nu-gi
dividieren (vt)	나누다	na-nu-da
Addition (f)	더하기	deo-ha-gi
addieren (vt)	합하다	ha-pa-da
hinzufügen (vt)	더하다	deo-ha-da
Multiplikation (f)	곱하기	go-pa-gi
multiplizieren (vt)	곱하다	go-pa-da

9. Zahlen. Verschiedenes

Ziffer (f)	숫자	sut-ja
Zahl (f)	숫자	sut-ja

Zahlwort (n)	수사	su-sa
Minus (n)	마이너스	ma-i-neo-seu
Plus (n)	플러스	peul-leo-seu
Formel (f)	공식	gong-sik

Berechnung (f)	계산	gye-san
zählen (vt)	세다	se-da
berechnen (vt)	헤아리다	he-a-ri-da
vergleichen (vt)	비교하다	bi-gyo-ha-da

Wie viel?	얼마?	eol-ma?
Wie viele?	얼마나?	eo-di-ro?
Summe (f)	총합	chong-hap
Ergebnis (n)	결과	gyeol-gwa
Rest (m)	나머지	na-meo-ji

einige (~ Tage)	몇	myeot
wenig (Adv)	조금	jo-geum
Übrige (n)	나머지	na-meo-ji
anderthalb	일과 이분의 일	il-gwa i-bun-ui il
Dutzend (n)	다스	da-seu

entzwei (Adv)	반으로	ba-neu-ro
zu gleichen Teilen	균등하게	gyun-deung-ha-ge
Hälfte (f)	절반	jeol-ban
Mal (n)	번	beon

10. Die wichtigsten Verben. Teil 1

abbiegen (nach links ~)	돌다	dol-da
abschicken (vt)	보내다	bo-nae-da
ändern (vt)	바꾸다	ba-kku-da
andeuten (vt)	힌트를 주다	hin-teu-reul ju-da
Angst haben	무서워하다	mu-seo-wo-ha-da

ankommen (vi)	도착하다	do-chak-a-da
antworten (vi)	대답하다	dae-da-pa-da
arbeiten (vi)	일하다	il-ha-da
auf ... zählen	··· 에 의지하다	... e ui-ji-ha-da
aufbewahren (vt)	보관하다	bo-gwan-ha-da

aufschreiben (vt)	적다	jeok-da
ausgehen (vi)	나가다	na-ga-da
aussprechen (vt)	발음하다	ba-reum-ha-da
bedauern (vt)	후회하다	hu-hoe-ha-da
bedeuten (vt)	의미하다	ui-mi-ha-da
beenden (vt)	끝내다	kkeun-nae-da

befehlen (Milit.)	명령하다	myeong-nyeong-ha-da
befreien (Stadt usw.)	해방하다	hae-bang-ha-da
beginnen (vt)	시작하다	si-jak-a-da
bemerken (vt)	알아차리다	a-ra-cha-ri-da
beobachten (vt)	지켜보다	ji-kyeo-bo-da
berühren (vt)	닿다	da-ta

besitzen (vt)	소유하다	so-yu-ha-da
besprechen (vt)	의논하다	ui-non-ha-da
bestehen auf	주장하다	ju-jang-ha-da
bestellen (im Restaurant)	주문하다	ju-mun-ha-da
bestrafen (vt)	처벌하다	cheo-beol-ha-da
beten (vi)	기도하다	gi-do-ha-da
bitten (vt)	부탁하다	bu-tak-a-da
brechen (vt)	깨뜨리다	kkae-tteu-ri-da
denken (vi, vt)	생각하다	saeng-gak-a-da
drohen (vi)	협박하다	hyeop-bak-a-da
Durst haben	목마르다	mong-ma-reu-da
einladen (vt)	초대하다	cho-dae-ha-da
einstellen (vt)	그만두다	geu-man-du-da
einwenden (vt)	반대하다	ban-dae-ha-da
empfehlen (vt)	추천하다	chu-cheon-ha-da
erklären (vt)	설명하다	seol-myeong-ha-da
erlauben (vt)	허가하다	heo-ga-ha-da
ermorden (vt)	죽이다	ju-gi-da
erwähnen (vt)	언급하다	eon-geu-pa-da
existieren (vi)	존재하다	jon-jae-ha-da

11. Die wichtigsten Verben. Teil 2

fallen (vi)	떨어지다	tteo-reo-ji-da
fallen lassen	떨어뜨리다	tteo-reo-tteu-ri-da
fangen (vt)	잡다	jap-da
finden (vt)	찾다	chat-da
fliegen (vi)	날다	nal-da
folgen (Folge mir!)	… 를 따라가다	… reul tta-ra-ga-da
fortsetzen (vt)	계속하다	gye-sok-a-da
fragen (vt)	묻다	mut-da
frühstücken (vi)	아침을 먹다	a-chi-meul meok-da
geben (vt)	주다	ju-da
gefallen (vi)	좋아하다	jo-a-ha-da
gehen (zu Fuß gehen)	가다	ga-da
gehören (vi)	… 에 속하다	… e sok-a-da
graben (vt)	파다	pa-da
haben (vt)	가지다	ga-ji-da
helfen (vi)	도와주다	do-wa-ju-da
herabsteigen (vi)	내려오다	nae-ryeo-o-da
hereinkommen (vi)	들어가다	deu-reo-ga-da
hoffen (vi)	희망하다	hui-mang-ha-da
hören (vt)	듣다	deut-da
hungrig sein	배가 고프다	bae-ga go-peu-da
informieren (vt)	알리다	al-li-da
jagen (vi)	사냥하다	sa-nyang-ha-da
kennen (vt)	알다	al-da

klagen (vi)	불평하다	bul-pyeong-ha-da
können (v mod)	할 수 있다	hal su it-da
kontrollieren (vt)	제어하다	je-eo-ha-da
kosten (vt)	값이 … 이다	gap-si … i-da
kränken (vt)	모욕하다	mo-yok-a-da
lächeln (vi)	미소를 짓다	mi-so-reul jit-da
lachen (vi)	웃다	ut-da
laufen (vi)	달리다	dal-li-da
leiten (Betrieb usw.)	운영하다	u-nyeong-ha-da
lernen (vt)	공부하다	gong-bu-ha-da
lesen (vi, vt)	읽다	ik-da
lieben (vt)	사랑하다	sa-rang-ha-da
machen (vt)	하다	ha-da
mieten (Haus usw.)	임대하다	im-dae-ha-da
nehmen (vt)	잡다	jap-da
noch einmal sagen	반복하다	ban-bok-a-da
nötig sein	필요하다	pi-ryo-ha-da
öffnen (vt)	열다	yeol-da

12. Die wichtigsten Verben. Teil 3

planen (vt)	계획하다	gye-hoek-a-da
prahlen (vi)	자랑하다	ja-rang-ha-da
raten (vt)	조언하다	jo-eon-ha-da
rechnen (vt)	세다	se-da
reservieren (vt)	예약하다	ye-yak-a-da
retten (vt)	구조하다	gu-jo-ha-da
richtig raten (vt)	추측하다	chu-cheuk-a-da
rufen (um Hilfe ~)	부르다, 요청하다	bu-reu-da, yo-cheong-ha-da
sagen (vt)	말하다	mal-ha-da
schaffen (Etwas Neues zu ~)	창조하다	chang-jo-ha-da
schelten (vt)	꾸짖다	kku-jit-da
schießen (vi)	쏘다	sso-da
schmücken (vt)	장식하다	jang-sik-a-da
schreiben (vi, vt)	쓰다	sseu-da
schreien (vi)	소리치다	so-ri-chi-da
schweigen (vi)	침묵을 지키다	chim-mu-geul ji-ki-da
schwimmen (vi)	수영하다	su-yeong-ha-da
schwimmen gehen	수영하다	su-yeong-ha-da
sehen (vi, vt)	보다	bo-da
sich beeilen	서두르다	seo-du-reu-da
sich entschuldigen	사과하다	sa-gwa-ha-da
sich interessieren	… 에 관심을 가지다	… e gwan-si-meul ga-ji-da
sich irren	실수하다	sil-su-ha-da
sich setzen	앉다	an-da
sich weigern	거절하다	geo-jeol-ha-da

spielen (vi, vt)	놀다	nol-da
sprechen (vi)	말하다	mal-ha-da
staunen (vi)	놀라다	nol-la-da
stehlen (vt)	훔치다	hum-chi-da
stoppen (vt)	정지하다	jeong-ji-ha-da
suchen (vt)	… 를 찾다	… reul chat-da

13. Die wichtigsten Verben. Teil 4

täuschen (vt)	속이다	so-gi-da
teilnehmen (vi)	참가하다	cham-ga-ha-da
übersetzen (Buch usw.)	번역하다	beo-nyeok-a-da
unterschätzen (vt)	과소평가하다	gwa-so-pyeong-ga-ha-da
unterschreiben (vt)	서명하다	seo-myeong-ha-da

vereinigen (vt)	연합하다	yeon-ha-pa-da
vergessen (vt)	잊다	it-da
vergleichen (vt)	비교하다	bi-gyo-ha-da
verkaufen (vt)	팔다	pal-da
verlangen (vt)	요구하다	yo-gu-ha-da

versäumen (vt)	결석하다	gyeol-seok-a-da
versprechen (vt)	약속하다	yak-sok-a-da
verstecken (vt)	숨기다	sum-gi-da
verstehen (vt)	이해하다	i-hae-ha-da
versuchen (vt)	해보다	hae-bo-da

verteidigen (vt)	방어하다	bang-eo-ha-da
vertrauen (vi)	신뢰하다	sil-loe-ha-da
verwechseln (vt)	혼동하다	hon-dong-ha-da

verzeihen (vt)	용서하다	yong-seo-ha-da
voraussehen (vt)	예상하다	ye-sang-ha-da

vorschlagen (vt)	제안하다	je-an-ha-da
vorziehen (vt)	선호하다	seon-ho-ha-da
wählen (vt)	선택하다	seon-taek-a-da
warnen (vt)	경고하다	gyeong-go-ha-da

warten (vi)	기다리다	gi-da-ri-da
weinen (vi)	울다	ul-da

wissen (vt)	알다	al-da
Witz machen	농담하다	nong-dam-ha-da
wollen (vt)	원하다	won-ha-da

zahlen (vt)	지불하다	ji-bul-ha-da
zeigen (jemandem etwas)	보여주다	bo-yeo-ju-da

zu Abend essen	저녁을 먹다	jeo-nyeo-geul meok-da
zu Mittag essen	점심을 먹다	jeom-si-meul meok-da
zubereiten (vt)	요리하다	yo-ri-ha-da
zustimmen (vi)	동의하다	dong-ui-ha-da
zweifeln (vi)	의심하다	ui-sim-ha-da

14. Farben

Farbe (f)	색	sae
Schattierung (f)	색조	saek-jo
Farbton (m)	색상	saek-sang
Regenbogen (m)	무지개	mu-ji-gae
weiß	흰	huin
schwarz	검은	geo-meun
grau	회색의	hoe-sae-gui
grün	초록색의	cho-rok-sae-gui
gelb	노란	no-ran
rot	빨간	ppal-gan
blau	파란	pa-ran
hellblau	하늘색의	ha-neul-sae-gui
rosa	분홍색의	bun-hong-sae-gui
orange	주황색의	ju-hwang-sae-gui
violett	보라색의	bo-ra-sae-gui
braun	갈색의	gal-sae-gui
golden	금색의	geum-sae-gui
silbrig	은색의	eun-sae-gui
beige	베이지색의	be-i-ji-sae-gui
cremefarben	크림색의	keu-rim-sae-gui
türkis	청록색의	cheong-nok-sae-gui
kirschrot	암적색의	am-jeok-sae-gui
lila	연보라색의	yeon-bo-ra-sae-gui
himbeerrot	진홍색의	jin-hong-sae-gui
hell	밝은	bal-geun
dunkel	짙은	ji-teun
grell	선명한	seon-myeong-han
Farb- (z.B. -stifte)	색의	sae-gui
Farb- (z.B. -film)	컬러의	keol-leo-ui
schwarz-weiß	흑백의	heuk-bae-gui
einfarbig	단색의	dan-sae-gui
bunt	다색의	da-sae-gui

15. Fragen

Wer?	누구?	nu-gu?
Was?	무엇?	mu-eot?
Wo?	어디?	eo-di?
Wohin?	어디로?	eo-di-ro?
Woher?	어디로부터?	eo-di-ro-bu-teo?
Wann?	언제?	eon-je?
Wozu?	왜?	wae?
Warum?	왜?	wae?
Wofür?	무엇을 위해서?	mu-eos-eul rwi-hae-seo?

| Wie? | 어떻게? | eo-tteo-ke? |
| Welcher? | 어떤? | eo-tteon? |

Wem?	누구에게?	nu-gu-e-ge?
Über wen?	누구에 대하여?	nu-gu-e dae-ha-yeo?
Wovon? (~ sprichst du?)	무엇에 대하여?	mu-eos-e dae-ha-yeo?
Mit wem?	누구하고?	nu-gu-ha-go?

| Wie viel? Wie viele? | 얼마? | eol-ma? |
| Wessen? | 누구의? | nu-gu-ui? |

16. Präpositionen

mit (Frau ~ Katzen)	··· 하고	... ha-go
ohne (~ Dich)	없이	eop-si
nach (~ London)	··· 에	... e
über (~ Geschäfte sprechen)	··· 에 대하여	... e dae-ha-yeo
vor (z.B. ~ acht Uhr)	전에	jeon-e
vor (z.B. ~ dem Haus)	··· 앞에	... a-pe

unter (~ dem Schirm)	밑에	mi-te
über (~ dem Meeresspiegel)	위에	wi-e
auf (~ dem Tisch)	위에	wi-e
aus (z.B. ~ München)	··· 에서	... e-seo
aus (z.B. ~ Porzellan)	··· 로	... ro

| in (~ zwei Tagen) | ··· 안에 | ... a-ne |
| über (~ zaun) | 너머 | dwi-e |

17. Funktionswörter. Adverbien. Teil 1

Wo?	어디?	eo-di?
hier	여기	yeo-gi
dort	거기	geo-gi

| irgendwo | 어딘가 | eo-din-ga |
| nirgends | 어디도 | eo-di-do |

| an (bei) | 옆에 | yeo-pe |
| am Fenster | 창문 옆에 | chang-mun nyeo-pe |

Wohin?	어디로?	eo-di-ro?
hierher	여기로	yeo-gi-ro
dahin	거기로	geo-gi-ro
von hier	여기서	yeo-gi-seo
von da	거기서	geo-gi-seo

| nah (Adv) | 가까이 | ga-kka-i |
| weit, fern (Adv) | 멀리 | meol-li |

| in der Nähe von ... | 근처에 | geun-cheo-e |
| in der Nähe | 인근에 | in-geu-ne |

unweit (~ unseres Hotels)	멀지 않게	meol-ji an-ke
link (Adj)	왼쪽의	oen-jjo-gui
links (Adv)	왼쪽에	oen-jjo-ge
nach links	왼쪽으로	oen-jjo-geu-ro
recht (Adj)	오른쪽의	o-reun-jjo-gui
rechts (Adv)	오른쪽에	o-reun-jjo-ge
nach rechts	오른쪽으로	o-reun-jjo-geu-ro
vorne (Adv)	앞쪽에	ap-jjo-ge
Vorder-	앞의	a-pui
vorwärts	앞으로	a-peu-ro
hinten (Adv)	뒤에	dwi-e
von hinten	뒤에서	dwi-e-seo
rückwärts (Adv)	뒤로	dwi-ro
Mitte (f)	가운데	ga-un-de
in der Mitte	가운데에	ga-un-de-e
seitlich (Adv)	옆에	yeo-pe
überall (Adv)	모든 곳에	mo-deun gos-e
ringsherum (Adv)	주위에	ju-wi-e
von innen (Adv)	내면에서	nae-myeon-e-seo
irgendwohin (Adv)	어딘가에	eo-din-ga-e
geradeaus (Adv)	똑바로	ttok-ba-ro
zurück (Adv)	뒤로	dwi-ro
irgendwoher (Adv)	어디에서든지	eo-di-e-seo-deun-ji
von irgendwo (Adv)	어디로부터인지	eo-di-ro-bu-teo-in-ji
erstens	첫째로	cheot-jjae-ro
zweitens	둘째로	dul-jjae-ro
drittens	셋째로	set-jjae-ro
plötzlich (Adv)	갑자기	gap-ja-gi
zuerst (Adv)	처음에	cheo-eum-e
zum ersten Mal	처음으로	cheo-eu-meu-ro
lange vor...	... 오래 전에	... o-rae jeon-e
von Anfang an	다시	da-si
für immer	영원히	yeong-won-hi
nie (Adv)	절대로	jeol-dae-ro
wieder (Adv)	다시	da-si
jetzt (Adv)	이제	i-je
oft (Adv)	자주	ja-ju
damals (Adv)	그때	geu-ttae
dringend (Adv)	급히	geu-pi
gewöhnlich (Adv)	보통으로	bo-tong-eu-ro
übrigens, ...	그건 그렇고, ...	geu-geon geu-reo-ko, ...
möglicherweise (Adv)	가능한	ga-neung-han
wahrscheinlich (Adv)	아마	a-ma
vielleicht (Adv)	어쩌면	eo-jjeo-myeon
außerdem ...	게다가 ...	ge-da-ga ...

deshalb ...	그래서 ...	geu-rae-seo ...
trotz ...	... 에도 불구하고	... e-do bul-gu-ha-go
dank ...	... 덕분에	... deok-bun-e

etwas	무엇인가	mu-eon-nin-ga
irgendwas	무엇이든지	mu-eon-ni-deun-ji
nichts	아무것도	a-mu-geot-do

| jemand | 누구 | nu-gu |
| irgendwer | 누군가 | nu-gun-ga |

niemand	아무도	a-mu-do
nirgends	아무데도	a-mu-de-do
niemandes (~ Eigentum)	누구의 것도 아닌	nu-gu-ui geot-do a-nin
jemandes	누군가의	nu-gun-ga-ui

so (derart)	그래서	geu-rae-seo
auch	역시	yeok-si
ebenfalls	또한	tto-han

18. Funktionswörter. Adverbien. Teil 2

Warum?	왜?	wae?
aus irgendeinem Grund	어떤 이유로	eo-tteon ni-yu-ro
weil ...	왜냐하면 ...	wae-nya-ha-myeon ...
zu irgendeinem Zweck	어떤 목적으로	eo-tteon mok-jeo-geu-ro

und	그리고	geu-ri-go
oder	또는	tto-neun
aber	그러나	geu-reo-na
für (präp)	위해서	wi-hae-seo

zu (~ viele)	너무	neo-mu
nur (~ einmal)	... 만	... man
genau (Adv)	정확하게	jeong-hwak-a-ge
etwa	약	yak

ungefähr (Adv)	대략	dae-ryak
ungefähr (Adj)	대략적인	dae-ryak-jeo-gin
fast	거의	geo-ui
Übrige (n)	나머지	na-meo-ji

jeder (~ Mann)	각각의	gak-ga-gui
beliebig (Adj)	아무	a-mu
viel	많이	ma-ni
viele Menschen	많은 사람들	ma-neun sa-ram-deul
alle (wir ~)	모두	mo-du

im Austausch gegen ...	... 의 교환으로	... ui gyo-hwa-neu-ro
dafür (Adv)	교환으로	gyo-hwa-neu-ro
mit der Hand (Hand-)	수공으로	su-gong-eu-ro
schwerlich (Adv)	거의	geo-ui
wahrscheinlich (Adv)	아마	a-ma
absichtlich (Adv)	일부러	il-bu-reo

zufällig (Adv)	우연히	u-yeon-hi
sehr (Adv)	아주	a-ju
zum Beispiel	예를 들면	ye-reul deul-myeon
zwischen	사이에	sa-i-e
unter (Wir sind ~ Mördern)	중에	jung-e
so viele (~ Ideen)	이만큼	i-man-keum
besonders (Adv)	특히	teuk-i

Grundbegriffe. Teil 2

19. Wochentage

Montag (m)	월요일	wo-ryo-il
Dienstag (m)	화요일	hwa-yo-il
Mittwoch (m)	수요일	su-yo-il
Donnerstag (m)	목요일	mo-gyo-il
Freitag (m)	금요일	geu-myo-il
Samstag (m)	토요일	to-yo-il
Sonntag (m)	일요일	i-ryo-il
heute	오늘	o-neul
morgen	내일	nae-il
übermorgen	모레	mo-re
gestern	어제	eo-je
vorgestern	그저께	geu-jeo-kke
Tag (m)	낮	nat
Arbeitstag (m)	근무일	geun-mu-il
Feiertag (m)	공휴일	gong-hyu-il
freier Tag (m)	휴일	hyu-il
Wochenende (n)	주말	ju-mal
den ganzen Tag	하루종일	ha-ru-jong-il
am nächsten Tag	다음날	da-eum-nal
zwei Tage vorher	이틀 전	i-teul jeon
am Vortag	전날	jeon-nal
täglich (Adj)	일간의	il-ga-nui
täglich (Adv)	매일	mae-il
Woche (f)	주	ju
letzte Woche	지난 주에	ji-nan ju-e
nächste Woche	다음 주에	da-eum ju-e
wöchentlich (Adj)	주간의	ju-ga-nui
wöchentlich (Adv)	매주	mae-ju
zweimal pro Woche	일주일에 두번	il-ju-i-re du-beon
jeden Dienstag	매주 화요일	mae-ju hwa-yo-il

20. Stunden. Tag und Nacht

Morgen (m)	아침	a-chim
morgens	아침에	a-chim-e
Mittag (m)	정오	jeong-o
nachmittags	오후에	o-hu-e
Abend (m)	저녁	jeo-nyeok
abends	저녁에	jeo-nyeo-ge

Nacht (f)	밤	bam
nachts	밤에	bam-e
Mitternacht (f)	자정	ja-jeong

Sekunde (f)	초	cho
Minute (f)	분	bun
Stunde (f)	시	si
eine halbe Stunde	반시간	ban-si-gan
Viertelstunde (f)	십오분	si-bo-bun
fünfzehn Minuten	십오분	si-bo-bun
Tag und Nacht	이십사시간	i-sip-sa-si-gan

Sonnenaufgang (m)	일출	il-chul
Morgendämmerung (f)	새벽	sae-byeok
früher Morgen (m)	이른 아침	i-reun a-chim
Sonnenuntergang (m)	저녁 노을	jeo-nyeok no-eul

früh am Morgen	이른 아침에	i-reun a-chim-e
heute Morgen	오늘 아침에	o-neul ra-chim-e
morgen früh	내일 아침에	nae-il ra-chim-e

heute Mittag	오늘 오후에	o-neul ro-hu-e
nachmittags	오후에	o-hu-e
morgen Nachmittag	내일 오후에	nae-il ro-hu-e

heute Abend	오늘 저녁에	o-neul jeo-nyeo-ge
morgen Abend	내일 밤에	nae-il bam-e

Punkt drei Uhr	3시 정각에	se-si jeong-ga-ge
gegen vier Uhr	4시쯤에	ne-si-jjeu-me
um zwölf Uhr	12시까지	yeoldu si-kka-ji

in zwanzig Minuten	20분 안에	isib-bun na-ne
in einer Stunde	한 시간 안에	han si-gan na-ne
rechtzeitig (Adv)	제시간에	je-si-gan-e

Viertel vor …	… 십오 분	… si-bo bun
innerhalb einer Stunde	한 시간 내에	han si-gan nae-e
alle fünfzehn Minuten	15분 마다	sibo-bun ma-da
Tag und Nacht	하루종일	ha-ru-jong-il

21. Monate. Jahreszeiten

Januar (m)	일월	i-rwol
Februar (m)	이월	i-wol
März (m)	삼월	sam-wol
April (m)	사월	sa-wol
Mai (m)	오월	o-wol
Juni (m)	유월	yu-wol

Juli (m)	칠월	chi-rwol
August (m)	팔월	pa-rwol
September (m)	구월	gu-wol
Oktober (m)	시월	si-wol

| November (m) | 십일월 | si-bi-rwol |
| Dezember (m) | 십이월 | si-bi-wol |

Frühling (m)	봄	bom
im Frühling	봄에	bom-e
Frühlings-	봄의	bom-ui

Sommer (m)	여름	yeo-reum
im Sommer	여름에	yeo-reum-e
Sommer-	여름의	yeo-reu-mui

Herbst (m)	가을	ga-eul
im Herbst	가을에	ga-eu-re
Herbst-	가을의	ga-eu-rui

Winter (m)	겨울	gyeo-ul
im Winter	겨울에	gyeo-u-re
Winter-	겨울의	gyeo-ul

Monat (m)	월, 달	wol, dal
in diesem Monat	이번 달에	i-beon da-re
nächsten Monat	다음 달에	da-eum da-re
letzten Monat	지난 달에	ji-nan da-re
vor einem Monat	한달 전에	han-dal jeon-e
über eine Monat	한 달 안에	han dal ra-ne
in zwei Monaten	두 달 안에	du dal ra-ne
den ganzen Monat	한달간 내내	han-dal-gan nae-nae

monatlich (Adj)	월간의	wol-ga-nui
monatlich (Adv)	매월, 매달	mae-wol, mae-dal
jeden Monat	매달	mae-dal
zweimal pro Monat	한 달에 두 번	han da-re du beon

Jahr (n)	년	nyeon
dieses Jahr	올해	ol-hae
nächstes Jahr	내년	nae-nyeon
voriges Jahr	작년	jang-nyeon

vor einem Jahr	일년 전	il-lyeon jeon
in einem Jahr	일 년 안에	il lyeon na-ne
in zwei Jahren	이 년 안에	i nyeon na-ne
das ganze Jahr	일년 내내	il-lyeon nae-nae

jedes Jahr	매년	mae-nyeon
jährlich (Adj)	연간의	yeon-ga-nui
jährlich (Adv)	매년	mae-nyeon
viermal pro Jahr	일년에 네 번	il-lyeon-e ne beon

Datum (heutige ~)	날짜	nal-jja
Datum (Geburts-)	월일	wo-ril
Kalender (m)	달력	dal-lyeok

ein halbes Jahr	반년	ban-nyeon
Halbjahr (n)	육개월	yuk-gae-wol
Saison (f)	계절	gye-jeol
Jahrhundert (n)	세기	se-gi

22. Maßeinheiten

Gewicht (n)	무게	mu-ge
Länge (f)	길이	gi-ri
Breite (f)	폭, 너비	pok, neo-bi
Höhe (f)	높이	no-pi
Tiefe (f)	깊이	gi-pi
Volumen (n)	부피	bu-pi
Fläche (f)	면적	myeon-jeok
Gramm (n)	그램	geu-raem
Milligramm (n)	밀리그램	mil-li-geu-raem
Kilo (n)	킬로그램	kil-lo-geu-raem
Tonne (f)	톤	ton
Pfund (n)	파운드	pa-un-deu
Unze (f)	온스	on-seu
Meter (m)	미터	mi-teo
Millimeter (m)	밀리미터	mil-li-mi-teo
Zentimeter (m)	센티미터	sen-ti-mi-teo
Kilometer (m)	킬로미터	kil-lo-mi-teo
Meile (f)	마일	ma-il
Zoll (m)	인치	in-chi
Fuß (m)	피트	pi-teu
Yard (n)	야드	ya-deu
Quadratmeter (m)	제곱미터	je-gom-mi-teo
Hektar (n)	헥타르	hek-ta-reu
Liter (m)	리터	ri-teo
Grad (m)	도	do
Volt (n)	볼트	bol-teu
Ampere (n)	암페어	am-pe-eo
Pferdestärke (f)	마력	ma-ryeok
Anzahl (f)	수량, 양	su-ryang, yang
etwas ...	... 조금	... jo-geum
Hälfte (f)	절반	jeol-ban
Dutzend (n)	다스	da-seu
Stück (n)	조각	jo-gak
Größe (f)	크기	keu-gi
Maßstab (m)	축척	chuk-cheok
minimal (Adj)	최소의	choe-so-ui
der kleinste	가장 작은	ga-jang ja-geun
mittler, mittel-	중간의	jung-gan-ui
maximal (Adj)	최대의	choe-dae-ui
der größte	가장 큰	ga-jang keun

23. Behälter

Glas (Einmachglas)	유리병	yu-ri-byeong
Dose (z.B. Bierdose)	캔, 깡통	kaen, kkang-tong

Eimer (m)	양동이	yang-dong-i
Fass (n), Tonne (f)	통	tong
Waschschüssel (n)	대야	dae-ya
Tank (m)	탱크	taeng-keu
Flachmann (m)	휴대용 술병	hyu-dae-yong sul-byeong
Kanister (m)	통	tong
Zisterne (f)	탱크	taeng-keu
Kaffeebecher (m)	머그컵	meo-geu-keop
Tasse (f)	컵	keop
Untertasse (f)	받침 접시	bat-chim jeop-si
Wasserglas (n)	유리잔	yu-ri-jan
Weinglas (n)	와인글라스	wa-in-geul-la-seu
Kochtopf (m)	냄비	naem-bi
Flasche (f)	병	byeong
Flaschenhals (m)	병목	byeong-mok
Karaffe (f)	디캔터	di-kaen-teo
Tonkrug (m)	물병	mul-byeong
Gefäß (n)	용기	yong-gi
Tontopf (m)	항아리	hang-a-ri
Vase (f)	화병	hwa-byeong
Flakon (n)	향수병	hyang-su-byeong
Fläschchen (n)	약병	yak-byeong
Tube (z.B. Zahnpasta)	튜브	tyu-beu
Sack (~ Kartoffeln)	자루	ja-ru
Tüte (z.B. Plastiktüte)	봉투	bong-tu
Schachtel (f) (z.B. Zigaretten~)	갑	gap
Karton (z.B. Schuhkarton)	박스	bak-seu
Kiste (z.B. Bananenkiste)	상자	sang-ja
Korb (m)	바구니	ba-gu-ni

DER MENSCH

Der Mensch. Körper

24. Kopf

Kopf (m)	머리	meo-ri
Gesicht (n)	얼굴	eol-gul
Nase (f)	코	ko
Mund (m)	입	ip
Auge (n)	눈	nun
Augen (pl)	눈	nun
Pupille (f)	눈동자	nun-dong-ja
Augenbraue (f)	눈썹	nun-sseop
Wimper (f)	속눈썹	song-nun-sseop
Augenlid (n)	눈꺼풀	nun-kkeo-pul
Zunge (f)	혀	hyeo
Zahn (m)	이	i
Lippen (pl)	입술	ip-sul
Backenknochen (pl)	광대뼈	gwang-dae-ppyeo
Zahnfleisch (n)	잇몸	in-mom
Gaumen (m)	입천장	ip-cheon-jang
Nasenlöcher (pl)	콧구멍	kot-gu-meong
Kinn (n)	턱	teok
Kiefer (m)	턱	teok
Wange (f)	뺨, 볼	ppyam, bol
Stirn (f)	이마	i-ma
Schläfe (f)	관자놀이	gwan-ja-no-ri
Ohr (n)	귀	gwi
Nacken (m)	뒤통수	dwi-tong-su
Hals (m)	목	mok
Kehle (f)	목구멍	mok-gu-meong
Haare (pl)	머리털, 헤어	meo-ri-teol, he-eo
Frisur (f)	머리 스타일	meo-ri seu-ta-il
Haarschnitt (m)	헤어컷	he-eo-keot
Perücke (f)	가발	ga-bal
Schnurrbart (m)	콧수염	kot-su-yeom
Bart (m)	턱수염	teok-su-yeom
haben (einen Bart ~)	기르다	gi-reu-da
Zopf (m)	땋은 머리	tta-eun meo-ri
Backenbart (m)	구레나룻	gu-re-na-rut
rothaarig	빨강머리의	ppal-gang-meo-ri-ui
grau	흰머리의	huin-meo-ri-ui

kahl	대머리인	dae-meo-ri-in
Glatze (f)	땜통	ttaem-tong
Pferdeschwanz (m)	말총머리	mal-chong-meo-ri
Pony (Ponyfrisur)	앞머리	am-meo-ri

25. Menschlicher Körper

Hand (f)	손	son
Arm (m)	팔	pal
Finger (m)	손가락	son-ga-rak
Daumen (m)	엄지손가락	eom-ji-son-ga-rak
kleiner Finger (m)	새끼손가락	sae-kki-son-ga-rak
Nagel (m)	손톱	son-top
Faust (f)	주먹	ju-meok
Handfläche (f)	손바닥	son-ba-dak
Handgelenk (n)	손목	son-mok
Unterarm (m)	전박	jeon-bak
Ellbogen (m)	팔꿈치	pal-kkum-chi
Schulter (f)	어깨	eo-kkae
Bein (n)	다리	da-ri
Fuß (m)	발	bal
Knie (n)	무릎	mu-reup
Wade (f)	종아리	jong-a-ri
Hüfte (f)	엉덩이	eong-deong-i
Ferse (f)	발뒤꿈치	bal-dwi-kkum-chi
Körper (m)	몸	mom
Bauch (m)	배	bae
Brust (f)	가슴	ga-seum
Busen (m)	가슴	ga-seum
Seite (f), Flanke (f)	옆구리	yeop-gu-ri
Rücken (m)	등	deung
Kreuz (n)	허리	heo-ri
Taille (f)	허리	heo-ri
Nabel (m)	배꼽	bae-kkop
Gesäßbacken (pl)	엉덩이	eong-deong-i
Hinterteil (n)	엉덩이	eong-deong-i
Leberfleck (m)	점	jeom
Muttermal (n)	모반	mo-ban
Tätowierung (f)	문신	mun-sin
Narbe (f)	흉터	hyung-teo

Kleidung & Accessoires

26. Oberbekleidung. Mäntel

Kleidung (f)	옷	ot
Oberkleidung (f)	겉옷	geo-tot
Winterkleidung (f)	겨울옷	gyeo-u-rot
Mantel (m)	코트	ko-teu
Pelzmantel (m)	모피 외투	mo-pi oe-tu
Pelzjacke (f)	짧은 모피 외투	jjal-beun mo-pi oe-tu
Daunenjacke (f)	패딩점퍼	pae-ding-jeom-peo
Jacke (z.B. Lederjacke)	재킷	jae-kit
Regenmantel (m)	트렌치코트	teu-ren-chi-ko-teu
wasserdicht	방수의	bang-su-ui

27. Men's & women's clothing

Hemd (n)	셔츠	syeo-cheu
Hose (f)	바지	ba-ji
Jeans (pl)	청바지	cheong-ba-ji
Jackett (n)	재킷	jae-kit
Anzug (m)	양복	yang-bok
Damenkleid (n)	드레스	deu-re-seu
Rock (m)	치마	chi-ma
Bluse (f)	블라우스	beul-la-u-seu
Strickjacke (f)	니트 재킷	ni-teu jae-kit
Jacke (Damen Kostüm)	재킷	jae-kit
T-Shirt (n)	티셔츠	ti-syeo-cheu
Shorts (pl)	반바지	ban-ba-ji
Sportanzug (m)	운동복	un-dong-bok
Bademantel (m)	목욕가운	mo-gyok-ga-un
Schlafanzug (m)	파자마	pa-ja-ma
Sweater (m)	스웨터	seu-we-teo
Pullover (m)	폴오버	pu-ro-beo
Weste (f)	조끼	jo-kki
Frack (m)	연미복	yeon-mi-bok
Smoking (m)	턱시도	teok-si-do
Uniform (f)	제복	je-bok
Arbeitskleidung (f)	작업복	ja-geop-bok
Overall (m)	작업바지	ja-geop-ba-ji
Kittel (z.B. Arztkittel)	가운	ga-un

28. Kleidung. Unterwäsche

Unterwäsche (f)	속옷	so-got
Unterhemd (n)	러닝 셔츠	reo-ning syeo-cheu
Socken (pl)	양말	yang-mal
Nachthemd (n)	잠옷	jam-ot
Büstenhalter (m)	브라	beu-ra
Kniestrümpfe (pl)	무릎길이 스타킹	mu-reup-gi-ri seu-ta-king
Strumpfhose (f)	팬티 스타킹	paen-ti seu-ta-king
Strümpfe (pl)	밴드 스타킹	baen-deu seu-ta-king
Badeanzug (m)	수영복	su-yeong-bok

29. Kopfbekleidung

Mütze (f)	모자	mo-ja
Filzhut (m)	중절모	jung-jeol-mo
Baseballkappe (f)	야구 모자	ya-gu mo-ja
Schiebermütze (f)	플랫캡	peul-laet-kaep
Baskenmütze (f)	베레모	be-re-mo
Kapuze (f)	후드	hu-deu
Panamahut (m)	파나마 모자	pa-na-ma mo-ja
Strickmütze (f)	니트 모자	ni-teu mo-ja
Kopftuch (n)	스카프	seu-ka-peu
Damenhut (m)	여성용 모자	yeo-seong-yong mo-ja
Schutzhelm (m)	안전모	an-jeon-mo
Feldmütze (f)	개리슨 캡	gae-ri-seun kaep
Helm (z.B. Motorradhelm)	헬멧	hel-met

30. Schuhwerk

Schuhe (pl)	신발	sin-bal
Stiefeletten (pl)	구두	gu-du
Halbschuhe (pl)	구두	gu-du
Stiefel (pl)	부츠	bu-cheu
Hausschuhe (pl)	슬리퍼	seul-li-peo
Tennisschuhe (pl)	운동화	un-dong-hwa
Leinenschuhe (pl)	스니커즈	seu-ni-keo-jeu
Sandalen (pl)	샌들	saen-deul
Schuster (m)	구둣방	gu-dut-bang
Absatz (m)	굽	gup
Paar (n)	켤레	kyeol-le
Schnürsenkel (m)	끈	kkeun
schnüren (vt)	끈을 매다	kkeu-neul mae-da
Schuhlöffel (m)	구둣주걱	gu-dut-ju-geok
Schuhcreme (f)	구두약	gu-du-yak

31. Persönliche Accessoires

Handschuhe (pl)	장갑	jang-gap
Fausthandschuhe (pl)	벙어리장갑	beong-eo-ri-jang-gap
Schal (Kaschmir-)	목도리	mok-do-ri
Brille (f)	안경	an-gyeong
Brillengestell (n)	안경테	an-gyeong-te
Regenschirm (m)	우산	u-san
Spazierstock (m)	지팡이	ji-pang-i
Haarbürste (f)	빗, 솔빗	bit, sol-bit
Fächer (m)	부채	bu-chae
Krawatte (f)	넥타이	nek-ta-i
Fliege (f)	나비넥타이	na-bi-nek-ta-i
Hosenträger (pl)	멜빵	mel-ppang
Taschentuch (n)	손수건	son-su-geon
Kamm (m)	빗	bit
Haarspange (f)	머리핀	meo-ri-pin
Haarnadel (f)	머리핀	meo-ri-pin
Schnalle (f)	버클	beo-keul
Gürtel (m)	벨트	bel-teu
Umhängegurt (m)	어깨끈	eo-kkae-kkeun
Tasche (f)	가방	ga-bang
Handtasche (f)	핸드백	haen-deu-baek
Rucksack (m)	배낭	bae-nang

32. Kleidung. Verschiedenes

Mode (f)	패션	pae-syeon
modisch	유행하는	yu-haeng-ha-neun
Modedesigner (m)	패션 디자이너	pae-syeon di-ja-i-neo
Kragen (m)	옷깃	ot-git
Tasche (f)	주머니, 포켓	ju-meo-ni, po-ket
Taschen-	주머니의	ju-meo-ni-ui
Ärmel (m)	소매	so-mae
Aufhänger (m)	거는 끈	geo-neun kkeun
Hosenschlitz (m)	바지 지퍼	ba-ji ji-peo
Reißverschluss (m)	지퍼	ji-peo
Verschluss (m)	조임쇠	jo-im-soe
Knopf (m)	단추	dan-chu
Knopfloch (n)	단춧 구멍	dan-chut gu-meong
abgehen (Knopf usw.)	떨어지다	tteo-reo-ji-da
nähen (vi, vt)	바느질하다	ba-neu-jil-ha-da
sticken (vt)	수놓다	su-no-ta
Stickerei (f)	자수	ja-su
Nadel (f)	바늘	ba-neul

| Faden (m) | 실 | sil |
| Naht (f) | 솔기 | sol-gi |

sich beschmutzen	더러워지다	deo-reo-wo-ji-da
Fleck (m)	얼룩	eol-luk
sich knittern	구겨지다	gu-gyeo-ji-da
zerreißen (vt)	찢다	jjit-da
Motte (f)	좀	jom

33. Kosmetikartikel. Kosmetik

Zahnpasta (f)	치약	chi-yak
Zahnbürste (f)	칫솔	chit-sol
Zähne putzen	이를 닦다	i-reul dak-da

Rasierer (m)	면도기	myeon-do-gi
Rasiercreme (f)	면도용 크림	myeon-do-yong keu-rim
sich rasieren	깎다	kkak-da

| Seife (f) | 비누 | bi-nu |
| Shampoo (n) | 샴푸 | syam-pu |

Schere (f)	가위	ga-wi
Nagelfeile (f)	손톱줄	son-top-jul
Nagelzange (f)	손톱깎이	son-top-kka-kki
Pinzette (f)	족집게	jok-jip-ge

Kosmetik (f)	화장품	hwa-jang-pum
Gesichtsmaske (f)	얼굴 마스크	eol-gul ma-seu-keu
Maniküre (f)	매니큐어	mae-ni-kyu-eo
Maniküre machen	매니큐어를 칠하다	mae-ni-kyu-eo-reul chil-ha-da
Pediküre (f)	페디큐어	pe-di-kyu-eo

Kosmetiktasche (f)	화장품 가방	hwa-jang-pum ga-bang
Puder (m)	분	bun
Puderdose (f)	콤팩트	kom-paek-teu
Rouge (n)	블러셔	beul-leo-syeo

Parfüm (n)	향수	hyang-su
Duftwasser (n)	화장수	hwa-jang-su
Lotion (f)	로션	ro-syeon
Kölnischwasser (n)	오드콜로뉴	o-deu-kol-lo-nyu

Lidschatten (m)	아이섀도	a-i-syae-do
Kajalstift (m)	아이라이너	a-i-ra-i-neo
Wimperntusche (f)	마스카라	ma-seu-ka-ra

Lippenstift (m)	립스틱	rip-seu-tik
Nagellack (m)	매니큐어	mae-ni-kyu-eo
Haarlack (m)	헤어 스프레이	he-eo seu-peu-re-i
Deodorant (n)	데오도란트	de-o-do-ran-teu

| Creme (f) | 크림 | keu-rim |
| Gesichtscreme (f) | 얼굴 크림 | eol-gul keu-rim |

Handcreme (f)	핸드 크림	haen-deu keu-rim
Anti-Falten-Creme (f)	주름제거 크림	ju-reum-je-geo keu-rim
Tages-	낮의	na-jui
Nacht-	밤의	ba-mui

Tampon (m)	탐폰	tam-pon
Toilettenpapier (n)	화장지	hwa-jang-ji
Föhn (m)	헤어 드라이어	he-eo deu-ra-i-eo

34. Armbanduhren Uhren

Armbanduhr (f)	손목 시계	son-mok si-gye
Zifferblatt (n)	문자반	mun-ja-ban
Zeiger (m)	바늘	ba-neul
Metallarmband (n)	금속제 시계줄	geum-sok-je si-gye-jul
Uhrenarmband (n)	시계줄	si-gye-jul

Batterie (f)	건전지	geon-jeon-ji
verbraucht sein	나가다	na-ga-da
die Batterie wechseln	배터리를 갈다	bae-teo-ri-reul gal-da
vorgehen (vi)	빨리 가다	ppal-li ga-da
nachgehen (vi)	늦게 가다	neut-ge ga-da

Wanduhr (f)	벽시계	byeok-si-gye
Sanduhr (f)	모래시계	mo-rae-si-gye
Sonnenuhr (f)	해시계	hae-si-gye
Wecker (m)	알람 시계	al-lam si-gye
Uhrmacher (m)	시계 기술자	si-gye gi-sul-ja
reparieren (vt)	수리하다	su-ri-ha-da

Essen. Ernährung

35. Essen

Fleisch (n)	고기	go-gi
Hühnerfleisch (n)	닭고기	dak-go-gi
Küken (n)	영계	yeong-gye
Ente (f)	오리고기	o-ri-go-gi
Gans (f)	거위고기	geo-wi-go-gi
Wild (n)	사냥감	sa-nyang-gam
Pute (f)	칠면조고기	chil-myeon-jo-go-gi
Schweinefleisch (n)	돼지고기	dwae-ji-go-gi
Kalbfleisch (n)	송아지 고기	song-a-ji go-gi
Hammelfleisch (n)	양고기	yang-go-gi
Rindfleisch (n)	소고기	so-go-gi
Kaninchenfleisch (n)	토끼고기	to-kki-go-gi
Wurst (f)	소시지	so-si-ji
Würstchen (n)	비엔나 소시지	bi-en-na so-si-ji
Schinkenspeck (m)	베이컨	be-i-keon
Schinken (m)	햄	haem
Räucherschinken (m)	개먼	gae-meon
Pastete (f)	파테	pa-te
Leber (f)	간	gan
Hackfleisch (n)	다진 고기	da-jin go-gi
Zunge (f)	혀	hyeo
Ei (n)	계란	gye-ran
Eier (pl)	계란	gye-ran
Eiweiß (n)	흰자	huin-ja
Eigelb (n)	노른자	no-reun-ja
Fisch (m)	생선	saeng-seon
Meeresfrüchte (pl)	해물	hae-mul
Kaviar (m)	캐비어	kae-bi-eo
Krabbe (f)	게	ge
Garnele (f)	새우	sae-u
Auster (f)	굴	gul
Languste (f)	대하	dae-ha
Krake (m)	문어	mun-eo
Kalmar (m)	오징어	o-jing-eo
Störfleisch (n)	철갑상어	cheol-gap-sang-eo
Lachs (m)	연어	yeon-eo
Heilbutt (m)	넙치	neop-chi
Dorsch (m)	대구	dae-gu
Makrele (f)	고등어	go-deung-eo

| Tunfisch (m) | 참치 | cham-chi |
| Aal (m) | 뱀장어 | baem-jang-eo |

Forelle (f)	송어	song-eo
Sardine (f)	정어리	jeong-eo-ri
Hecht (m)	강꼬치고기	gang-kko-chi-go-gi
Hering (m)	청어	cheong-eo

Brot (n)	빵	ppang
Käse (m)	치즈	chi-jeu
Zucker (m)	설탕	seol-tang
Salz (n)	소금	so-geum

Reis (m)	쌀	ssal
Teigwaren (pl)	파스타	pa-seu-ta
Nudeln (pl)	면	myeon

Butter (f)	버터	beo-teo
Pflanzenöl (n)	식물유	sing-mu-ryu
Sonnenblumenöl (n)	해바라기유	hae-ba-ra-gi-yu
Margarine (f)	마가린	ma-ga-rin

| Oliven (pl) | 올리브 | ol-li-beu |
| Olivenöl (n) | 올리브유 | ol-li-beu-yu |

Milch (f)	우유	u-yu
Kondensmilch (f)	연유	yeo-nyu
Joghurt (m)	요구르트	yo-gu-reu-teu
saure Sahne (f)	사워크림	sa-wo-keu-rim
Sahne (f)	크림	keu-rim

| Mayonnaise (f) | 마요네즈 | ma-yo-ne-jeu |
| Buttercreme (f) | 버터크림 | beo-teo-keu-rim |

Grütze (f)	곡물	gong-mul
Mehl (n)	밀가루	mil-ga-ru
Konserven (pl)	통조림	tong-jo-rim

Maisflocken (pl)	콘플레이크	kon-peul-le-i-keu
Honig (m)	꿀	kkul
Marmelade (f)	잼	jaem
Kaugummi (m, n)	껌	kkeom

36. Getränke

Wasser (n)	물	mul
Trinkwasser (n)	음료수	eum-nyo-su
Mineralwasser (n)	미네랄 워터	mi-ne-ral rwo-teo

still	탄산 없는	tan-san neom-neun
mit Kohlensäure	탄산의	tan-sa-nui
mit Gas	탄산이 든	tan-san-i deun
Eis (n)	얼음	eo-reum
mit Eis	얼음을 넣은	eo-reu-meul leo-eun

alkoholfrei (Adj)	무알코올의	mu-al-ko-o-rui
alkoholfreies Getränk (n)	청량음료	cheong-nyang-eum-nyo
Erfrischungsgetränk (n)	청량 음료	cheong-nyang eum-nyo
Limonade (f)	레모네이드	re-mo-ne-i-deu

Spirituosen (pl)	술	sul
Wein (m)	와인	wa-in
Weißwein (m)	백 포도주	baek po-do-ju
Rotwein (m)	레드 와인	re-deu wa-in

Likör (m)	리큐르	ri-kyu-reu
Champagner (m)	샴페인	syam-pe-in
Wermut (m)	베르무트	be-reu-mu-teu

Whisky (m)	위스키	wi-seu-ki
Wodka (m)	보드카	bo-deu-ka
Gin (m)	진	jin
Kognak (m)	코냑	ko-nyak
Rum (m)	럼	reom

Kaffee (m)	커피	keo-pi
schwarzer Kaffee (m)	블랙 커피	beul-laek keo-pi
Milchkaffee (m)	밀크 커피	mil-keu keo-pi
Cappuccino (m)	카푸치노	ka-pu-chi-no
Pulverkaffee (m)	인스턴트 커피	in-seu-teon-teu keo-pi

Milch (f)	우유	u-yu
Cocktail (m)	칵테일	kak-te-il
Milchcocktail (m)	밀크 셰이크	mil-keu sye-i-keu

Saft (m)	주스	ju-seu
Tomatensaft (m)	토마토 주스	to-ma-to ju-seu
Orangensaft (m)	오렌지 주스	o-ren-ji ju-seu
frisch gepresster Saft (m)	생과일주스	saeng-gwa-il-ju-seu

Bier (n)	맥주	maek-ju
Helles (n)	라거	ra-geo
Dunkelbier (n)	흑맥주	heung-maek-ju

Tee (m)	차	cha
schwarzer Tee (m)	홍차	hong-cha
grüner Tee (m)	녹차	nok-cha

37. Gemüse

Gemüse (n)	채소	chae-so
grünes Gemüse (pl)	녹황색 채소	nok-wang-saek chae-so

Tomate (f)	토마토	to-ma-to
Gurke (f)	오이	o-i
Karotte (f)	당근	dang-geun
Kartoffel (f)	감자	gam-ja
Zwiebel (f)	양파	yang-pa
Knoblauch (m)	마늘	ma-neul

Kohl (m)	양배추	yang-bae-chu
Blumenkohl (m)	컬리플라워	keol-li-peul-la-wo
Rosenkohl (m)	방울다다기 양배추	bang-ul-da-da-gi yang-bae-chu
Brokkoli (m)	브로콜리	beu-ro-kol-li

Rote Bete (f)	비트	bi-teu
Aubergine (f)	가지	ga-ji
Zucchini (f)	애호박	ae-ho-bak
Kürbis (m)	호박	ho-bak
Rübe (f)	순무	sun-mu

Petersilie (f)	파슬리	pa-seul-li
Dill (m)	딜	dil
Kopf Salat (m)	양상추	yang-sang-chu
Sellerie (m)	셀러리	sel-leo-ri
Spargel (m)	아스파라거스	a-seu-pa-ra-geo-seu
Spinat (m)	시금치	si-geum-chi

Erbse (f)	완두	wan-du
Bohnen (pl)	콩	kong
Mais (m)	옥수수	ok-su-su
weiße Bohne (f)	강낭콩	gang-nang-kong

Paprika (m)	피망	pi-mang
Radieschen (n)	무	mu
Artischocke (f)	아티초크	a-ti-cho-keu

38. Obst. Nüsse

Frucht (f)	과일	gwa-il
Apfel (m)	사과	sa-gwa
Birne (f)	배	bae
Zitrone (f)	레몬	re-mon
Apfelsine (f)	오렌지	o-ren-ji
Erdbeere (f)	딸기	ttal-gi

Mandarine (f)	귤	gyul
Pflaume (f)	자두	ja-du
Pfirsich (m)	복숭아	bok-sung-a
Aprikose (f)	살구	sal-gu
Himbeere (f)	라즈베리	ra-jeu-be-ri
Ananas (f)	파인애플	pa-in-ae-peul

Banane (f)	바나나	ba-na-na
Wassermelone (f)	수박	su-bak
Weintrauben (pl)	포도	po-do
Sauerkirsche (f)	신양	si-nyang
Süßkirsche (f)	양벚나무	yang-beon-na-mu
Melone (f)	멜론	mel-lon

Grapefruit (f)	자몽	ja-mong
Avocado (f)	아보카도	a-bo-ka-do
Papaya (f)	파파야	pa-pa-ya

Mango (f)	망고	mang-go
Granatapfel (m)	석류	seong-nyu

rote Johannisbeere (f)	레드커렌트	re-deu-keo-ren-teu
schwarze Johannisbeere (f)	블랙커렌트	beul-laek-keo-ren-teu
Stachelbeere (f)	구스베리	gu-seu-be-ri
Heidelbeere (f)	빌베리	bil-be-ri
Brombeere (f)	블랙베리	beul-laek-be-ri

Rosinen (pl)	건포도	geon-po-do
Feige (f)	무화과	mu-hwa-gwa
Dattel (f)	대추야자	dae-chu-ya-ja

Erdnuss (f)	땅콩	ttang-kong
Mandel (f)	아몬드	a-mon-deu
Walnuss (f)	호두	ho-du
Haselnuss (f)	개암	gae-am
Kokosnuss (f)	코코넛	ko-ko-neot
Pistazien (pl)	피스타치오	pi-seu-ta-chi-o

39. Brot. Süßigkeiten

Konditorwaren (pl)	과자류	gwa-ja-ryu
Brot (n)	빵	ppang
Keks (m, n)	쿠키	ku-ki

Schokolade (f)	초콜릿	cho-kol-lit
Schokoladen-Bonbon (m, n)	초콜릿의	cho-kol-lis-ui
	사탕	sa-tang
Kuchen (m)	케이크	ke-i-keu
Torte (f)	케이크	ke-i-keu

Kuchen (Apfel-)	파이	pa-i
Füllung (f)	속	sok

Konfitüre (f)	잼	jaem
Marmelade (f)	마멀레이드	ma-meol-le-i-deu
Waffeln (pl)	와플	wa-peul
Eis (n)	아이스크림	a-i-seu-keu-rim

40. Gerichte

Gericht (n)	요리, 코스	yo-ri, ko-seu
Küche (f)	요리	yo-ri
Rezept (n)	요리법	yo-ri-beop
Portion (f)	분량	bul-lyang

Salat (m)	샐러드	sael-leo-deu
Suppe (f)	수프	su-peu

Brühe (f), Bouillon (f)	육수	yuk-su
belegtes Brot (n)	샌드위치	saen-deu-wi-chi

Spiegelei (n)	계란후라이	gye-ran-hu-ra-i
Hamburger (m)	햄버거	haem-beo-geo
Beefsteak (n)	비프스테이크	bi-peu-seu-te-i-keu
Beilage (f)	사이드 메뉴	sa-i-deu me-nyu
Spaghetti (pl)	스파게티	seu-pa-ge-ti
Kartoffelpüree (n)	으깬 감자	eu-kkaen gam-ja
Pizza (f)	피자	pi-ja
Brei (m)	죽	juk
Omelett (n)	오믈렛	o-meul-let
gekocht	삶은	sal-meun
geräuchert	훈제된	hun-je-doen
gebraten	튀긴	twi-gin
getrocknet	말린	mal-lin
tiefgekühlt	얼린	eol-lin
mariniert	초절인	cho-jeo-rin
süß	단	dan
salzig	짠	jjan
kalt	차가운	cha-ga-un
heiß	뜨거운	tteu-geo-un
bitter	쓴	sseun
lecker	맛있는	man-nin-neun
kochen (vt)	삶다	sam-da
zubereiten (vt)	요리하다	yo-ri-ha-da
braten (vt)	부치다	bu-chi-da
aufwärmen (vt)	데우다	de-u-da
salzen (vt)	소금을 넣다	so-geu-meul leo-ta
pfeffern (vt)	후추를 넣다	hu-chu-reul leo-ta
reiben (vt)	강판에 갈다	gang-pa-ne gal-da
Schale (f)	껍질	kkeop-jil
schälen (vt)	껍질 벗기다	kkeop-jil beot-gi-da

41. Gewürze

Salz (n)	소금	so-geum
salzig (Adj)	짜	jja
salzen (vt)	소금을 넣다	so-geu-meul leo-ta
schwarzer Pfeffer (m)	후추	hu-chu
roter Pfeffer (m)	고춧가루	go-chut-ga-ru
Senf (m)	겨자	gyeo-ja
Meerrettich (m)	고추냉이	go-chu-naeng-i
Gewürz (n)	양념	yang-nyeom
Gewürz (n)	향료	hyang-nyo
Soße (f)	소스	so-seu
Essig (m)	식초	sik-cho
Anis (m)	아니스	a-ni-seu
Basilikum (n)	바질	ba-jil

Nelke (f)	정향	jeong-hyang
Ingwer (m)	생강	saeng-gang
Koriander (m)	고수	go-su
Zimt (m)	계피	gye-pi
Sesam (m)	깨	kkae
Lorbeerblatt (n)	월계수잎	wol-gye-su-ip
Paprika (m)	파프리카	pa-peu-ri-ka
Kümmel (m)	캐러웨이	kae-reo-we-i
Safran (m)	사프란	sa-peu-ran

42. Mahlzeiten

Essen (n)	음식	eum-sik
essen (vi, vt)	먹다	meok-da
Frühstück (n)	아침식사	a-chim-sik-sa
frühstücken (vi)	아침을 먹다	a-chi-meul meok-da
Mittagessen (n)	점심식사	jeom-sim-sik-sa
zu Mittag essen	점심을 먹다	jeom-si-meul meok-da
Abendessen (n)	저녁식사	jeo-nyeok-sik-sa
zu Abend essen	저녁을 먹다	jeo-nyeo-geul meok-da
Appetit (m)	식욕	si-gyok
Guten Appetit!	맛있게 드십시오!	man-nit-ge deu-sip-si-o!
öffnen (vt)	열다	yeol-da
verschütten (vt)	엎지르다	eop-ji-reu-da
verschüttet werden	쏟아지다	sso-da-ji-da
kochen (vi)	끓다	kkeul-ta
kochen (Wasser ~)	끓이다	kkeu-ri-da
gekocht (Adj)	끓인	kkeu-rin
kühlen (vt)	식히다	sik-i-da
abkühlen (vi)	식다	sik-da
Geschmack (m)	맛	mat
Beigeschmack (m)	뒷맛	dwit mat
auf Diät sein	살을 빼다	sa-reul ppae-da
Diät (f)	다이어트	da-i-eo-teu
Vitamin (n)	비타민	bi-ta-min
Kalorie (f)	칼로리	kal-lo-ri
Vegetarier (m)	채식주의자	chae-sik-ju-ui-ja
vegetarisch (Adj)	채식주의의	chae-sik-ju-ui-ui
Fett (n)	지방	ji-bang
Protein (n)	단백질	dan-baek-jil
Kohlenhydrat (n)	탄수화물	tan-su-hwa-mul
Scheibchen (n)	조각	jo-gak
Stück (ein ~ Kuchen)	조각	jo-gak
Krümel (m)	부스러기	bu-seu-reo-gi

43. Gedeck

Löffel (m)	숟가락	sut-ga-rak
Messer (n)	나이프	na-i-peu
Gabel (f)	포크	po-keu
Tasse (eine ~ Tee)	컵	keop
Teller (m)	접시	jeop-si
Untertasse (f)	받침 접시	bat-chim jeop-si
Serviette (f)	냅킨	naep-kin
Zahnstocher (m)	이쑤시개	i-ssu-si-gae

44. Restaurant

Restaurant (n)	레스토랑	re-seu-to-rang
Kaffeehaus (n)	커피숍	keo-pi-syop
Bar (f)	바	ba
Teesalon (m)	카페, 티룸	ka-pe, ti-rum
Kellner (m)	웨이터	we-i-teo
Kellnerin (f)	웨이트리스	we-i-teu-ri-seu
Barmixer (m)	바텐더	ba-ten-deo
Speisekarte (f)	메뉴판	me-nyu-pan
Weinkarte (f)	와인 메뉴	wa-in me-nyu
einen Tisch reservieren	테이블 예약을 하다	te-i-beul rye-ya-geul ha-da
Gericht (n)	요리, 코스	yo-ri, ko-seu
bestellen (vt)	주문하다	ju-mun-ha-da
eine Bestellung aufgeben	주문을 하다	ju-mu-neul ha-da
Aperitif (m)	아페리티프	a-pe-ri-ti-peu
Vorspeise (f)	애피타이저	ae-pi-ta-i-jeo
Nachtisch (m)	디저트	di-jeo-teu
Rechnung (f)	계산서	gye-san-seo
Rechnung bezahlen	계산하다	gye-san-ha-da
das Wechselgeld geben	거스름돈을 주다	geo-seu-reum-do-neul ju-da
Trinkgeld (n)	팁	tip

Familie, Verwandte und Freunde

45. Persönliche Informationen. Formulare

Vorname (m)	이름	i-reum
Name (m)	성	seong
Geburtsdatum (n)	생년월일	saeng-nyeon-wo-ril
Geburtsort (m)	탄생지	tan-saeng-ji
Nationalität (f)	국적	guk-jeok
Wohnort (m)	거소	geo-so
Land (n)	나라	na-ra
Beruf (m)	직업	ji-geop
Geschlecht (n)	성별	seong-byeol
Größe (f)	키	ki
Gewicht (n)	몸무게	mom-mu-ge

46. Familienmitglieder. Verwandte

Mutter (f)	어머니	eo-meo-ni
Vater (m)	아버지	a-beo-ji
Sohn (m)	아들	a-deul
Tochter (f)	딸	ttal
jüngste Tochter (f)	작은딸	ja-geun-ttal
jüngste Sohn (m)	작은아들	ja-geun-a-deul
ältere Tochter (f)	맏딸	mat-ttal
älterer Sohn (m)	맏아들	ma-da-deul
Bruder (m)	형제	hyeong-je
Schwester (f)	자매	ja-mae
Cousin (m)	사촌 형제	sa-chon hyeong-je
Cousine (f)	사촌 자매	sa-chon ja-mae
Mama (f)	엄마	eom-ma
Papa (m)	아빠	a-ppa
Eltern (pl)	부모	bu-mo
Kind (n)	아이, 아동	a-i, a-dong
Kinder (pl)	아이들	a-i-deul
Großmutter (f)	할머니	hal-meo-ni
Großvater (m)	할아버지	ha-ra-beo-ji
Enkel (m)	손자	son-ja
Enkelin (f)	손녀	son-nyeo
Enkelkinder (pl)	손자들	son-ja-deul
Onkel (m)	삼촌	sam-chon

Neffe (m)	조카	jo-ka
Nichte (f)	조카딸	jo-ka-ttal
Schwiegermutter (f)	장모	jang-mo
Schwiegervater (m)	시아버지	si-a-beo-ji
Schwiegersohn (m)	사위	sa-wi
Stiefmutter (f)	계모	gye-mo
Stiefvater (m)	계부	gye-bu
Säugling (m)	영아	yeong-a
Kleinkind (n)	아기	a-gi
Kleine (m)	꼬마	kko-ma
Frau (f)	아내	a-nae
Mann (m)	남편	nam-pyeon
Ehemann (m)	배우자	bae-u-ja
Gemahlin (f)	배우자	bae-u-ja
verheiratet (Ehemann)	결혼한	gyeol-hon-han
verheiratet (Ehefrau)	결혼한	gyeol-hon-han
ledig	미혼의	mi-hon-ui
Junggeselle (m)	미혼 남자	mi-hon nam-ja
geschieden (Adj)	이혼한	i-hon-han
Witwe (f)	과부	gwa-bu
Witwer (m)	홀아비	ho-ra-bi
Verwandte (m)	친척	chin-cheok
naher Verwandter (m)	가까운 친척	ga-kka-un chin-cheok
entfernter Verwandter (m)	먼 친척	meon chin-cheok
Verwandte (pl)	친척들	chin-cheok-deul
Waise (m, f)	고아	go-a
Vormund (m)	후견인	hu-gyeon-in
adoptieren (einen Jungen)	입양하다	i-byang-ha-da
adoptieren (ein Mädchen)	입양하다	i-byang-ha-da

Medizin

47. Krankheiten

Krankheit (f)	병	byeong
krank sein	눕다	nup-da
Gesundheit (f)	건강	geon-gang
Schnupfen (m)	비염	bi-yeom
Angina (f)	편도염	pyeon-do-yeom
Erkältung (f)	감기	gam-gi
sich erkälten	감기에 걸리다	gam-gi-e geol-li-da
Bronchitis (f)	기관지염	gi-gwan-ji-yeom
Lungenentzündung (f)	폐렴	pye-ryeom
Grippe (f)	독감	dok-gam
kurzsichtig	근시의	geun-si-ui
weitsichtig	원시의	won-si-ui
Schielen (n)	사시	sa-si
schielend (Adj)	사시인	sa-si-in
grauer Star (m)	백내장	baeng-nae-jang
Glaukom (n)	녹내장	nong-nae-jang
Schlaganfall (m)	뇌졸중	noe-jol-jung
Infarkt (m)	심장마비	sim-jang-ma-bi
Herzinfarkt (m)	심근경색증	sim-geun-gyeong-saek-jeung
Lähmung (f)	마비	ma-bi
lähmen (vt)	마비되다	ma-bi-doe-da
Allergie (f)	알레르기	al-le-reu-gi
Asthma (n)	천식	cheon-sik
Diabetes (m)	당뇨병	dang-nyo-byeong
Zahnschmerz (m)	치통, 이앓이	chi-tong, i-a-ri
Karies (f)	충치	chung-chi
Durchfall (m)	설사	seol-sa
Verstopfung (f)	변비증	byeon-bi-jeung
Magenverstimmung (f)	배탈	bae-tal
Vergiftung (f)	식중독	sik-jung-dok
Vergiftung bekommen	식중독에 걸리다	sik-jung-do-ge geol-li-da
Arthritis (f)	관절염	gwan-jeo-ryeom
Rachitis (f)	구루병	gu-ru-byeong
Rheumatismus (m)	류머티즘	ryu-meo-ti-jeum
Gastritis (f)	위염	wi-yeom
Blinddarmentzündung (f)	맹장염	maeng-jang-yeom
Cholezystitis (f)	담낭염	dam-nang-yeom

Geschwür (n)	궤양	gwe-yang
Masern (pl)	홍역	hong-yeok
Röteln (pl)	풍진	pung-jin
Gelbsucht (f)	황달	hwang-dal
Hepatitis (f)	간염	gan-nyeom
Schizophrenie (f)	정신 분열증	jeong-sin bu-nyeol-jeung
Tollwut (f)	광견병	gwang-gyeon-byeong
Neurose (f)	신경증	sin-gyeong-jeung
Gehirnerschütterung (f)	뇌진탕	noe-jin-tang
Krebs (m)	암	am
Sklerose (f)	경화증	gyeong-hwa-jeung
multiple Sklerose (f)	다발성 경화증	da-bal-seong gyeong-hwa-jeung
Alkoholismus (m)	알코올 중독	al-ko-ol jung-dok
Alkoholiker (m)	알코올 중독자	al-ko-ol jung-dok-ja
Syphilis (f)	매독	mae-dok
AIDS	에이즈	e-i-jeu
Tumor (m)	종양	jong-yang
bösartig	악성의	ak-seong-ui
gutartig	양성의	yang-seong-ui
Fieber (n)	열병	yeol-byeong
Malaria (f)	말라리아	mal-la-ri-a
Gangrän (f, n)	괴저	goe-jeo
Seekrankheit (f)	뱃멀미	baen-meol-mi
Epilepsie (f)	간질	gan-jil
Epidemie (f)	유행병	yu-haeng-byeong
Typhus (m)	발진티푸스	bal-jin-ti-pu-seu
Tuberkulose (f)	결핵	gyeol-haek
Cholera (f)	콜레라	kol-le-ra
Pest (f)	페스트	pe-seu-teu

48. Symptome. Behandlungen. Teil 1

Symptom (n)	증상	jeung-sang
Temperatur (f)	체온	che-on
Fieber (n)	열	yeol
Puls (m)	맥박	maek-bak
Schwindel (m)	현기증	hyeon-gi-jeung
heiß (Stirne usw.)	뜨거운	tteu-geo-un
Schüttelfrost (m)	전율	jeo-nyul
blass (z.B. -es Gesicht)	창백한	chang-baek-an
Husten (m)	기침	gi-chim
husten (vi)	기침을 하다	gi-chi-meul ha-da
niesen (vi)	재채기하다	jae-chae-gi-ha-da
Ohnmacht (f)	실신	sil-sin
ohnmächtig werden	실신하다	sil-sin-ha-da

blauer Fleck (m)	멍	meong
Beule (f)	혹	hok
sich stoßen	부딪치다	bu-dit-chi-da
Prellung (f)	타박상	ta-bak-sang
sich stoßen	타박상을 입다	ta-bak-sang-eul rip-da
hinken (vi)	절다	jeol-da
Verrenkung (f)	탈구	tal-gu
ausrenken (vt)	탈구하다	tal-gu-ha-da
Fraktur (f)	골절	gol-jeol
brechen (Arm usw.)	골절하다	gol-jeol-ha-da
Schnittwunde (f)	베인	be-in
sich schneiden	베다	jeol-chang-eul rip-da
Blutung (f)	출혈	chul-hyeol
Verbrennung (f)	화상	hwa-sang
sich verbrennen	데다	de-da
stechen (vt)	찌르다	jji-reu-da
sich stechen	찔리다	jjil-li-da
verletzen (vt)	다치다	da-chi-da
Verletzung (f)	부상	bu-sang
Wunde (f)	부상	bu-sang
Trauma (n)	정신적 외상	jeong-sin-jeok goe-sang
irrereden (vi)	망상을 껴다	mang-sang-eul gyeok-da
stottern (vi)	말을 더듬다	ma-reul deo-deum-da
Sonnenstich (m)	일사병	il-sa-byeong

49. Symptome. Behandlungen. Teil 2

Schmerz (m)	통증	tong-jeung
Splitter (m)	가시	ga-si
Schweiß (m)	땀	ttam
schwitzen (vi)	땀이 나다	ttam-i na-da
Erbrechen (n)	구토	gu-to
Krämpfe (pl)	경련	gyeong-nyeon
schwanger	임신한	im-sin-han
geboren sein	태어나다	tae-eo-na-da
Geburt (f)	출산	chul-san
gebären (vt)	낳다	na-ta
Abtreibung (f)	낙태	nak-tae
Atem (m)	호흡	ho-heup
Atemzug (m)	들숨	deul-sum
Ausatmung (f)	날숨	nal-sum
ausatmen (vt)	내쉬다	nae-swi-da
einatmen (vt)	들이쉬다	deu-ri-swi-da
Invalide (m)	장애인	jang-ae-in
Krüppel (m)	병신	byeong-sin

Drogenabhängiger (m)	마약 중독자	ma-yak jung-dok-ja
taub	귀가 먼	gwi-ga meon
stumm	벙어리인	beong-eo-ri-in
taubstumm	농아인	nong-a-in

verrückt (Adj)	미친	mi-chin
Irre (m)	광인	gwang-in
Irre (f)	광인	gwang-in
den Verstand verlieren	미치다	mi-chi-da

Gen (n)	유전자	yu-jeon-ja
Immunität (f)	면역성	myeo-nyeok-seong
erblich	유전의	yu-jeon-ui
angeboren	선천적인	seon-cheon-jeo-gin

Virus (m, n)	바이러스	ba-i-reo-seu
Mikrobe (f)	미생물	mi-saeng-mul
Bakterie (f)	세균	se-gyun
Infektion (f)	감염	gam-nyeom

50. Symptome. Behandlungen. Teil 3

| Krankenhaus (n) | 병원 | byeong-won |
| Patient (m) | 환자 | hwan-ja |

Diagnose (f)	진단	jin-dan
Heilung (f)	치료	chi-ryo
Behandlung bekommen	치료를 받다	chi-ryo-reul bat-da
behandeln (vt)	치료하다	chi-ryo-ha-da
pflegen (Kranke)	간호하다	gan-ho-ha-da
Pflege (f)	간호	gan-ho

Operation (f)	수술	su-sul
verbinden (vt)	붕대를 감다	bung-dae-reul gam-da
Verband (m)	붕대	bung-dae

Impfung (f)	예방주사	ye-bang-ju-sa
impfen (vt)	접종하다	jeop-jong-ha-da
Spritze (f)	주사	ju-sa
eine Spritze geben	주사하다	ju-sa-ha-da

Amputation (f)	절단	jeol-dan
amputieren (vt)	절단하다	jeol-dan-ha-da
Koma (n)	혼수 상태	hon-su sang-tae
im Koma liegen	혼수 상태에 있다	hon-su sang-tae-e it-da
Reanimation (f)	집중 치료	jip-jung chi-ryo

genesen von … (vi)	회복하다	hoe-bok-a-da
Zustand (m)	상태	sang-tae
Bewusstsein (n)	의식	ui-sik
Gedächtnis (n)	기억	gi-eok

| ziehen (einen Zahn ~) | 빼다 | ppae-da |
| Plombe (f) | 충전물 | chung-jeon-mul |

plombieren (vt)	때우다	ttae-u-da
Hypnose (f)	최면	choe-myeon
hypnotisieren (vt)	최면을 걸다	choe-myeo-neul geol-da

51. Ärzte

Arzt (m)	의사	ui-sa
Krankenschwester (f)	간호사	gan-ho-sa
Privatarzt (m)	개인 의사	gae-in ui-sa
Zahnarzt (m)	치과 의사	chi-gwa ui-sa
Augenarzt (m)	안과 의사	an-gwa ui-sa
Internist (m)	내과 의사	nae-gwa ui-sa
Chirurg (m)	외과 의사	oe-gwa ui-sa
Psychiater (m)	정신과 의사	jeong-sin-gwa ui-sa
Kinderarzt (m)	소아과 의사	so-a-gwa ui-sa
Psychologe (m)	심리학자	sim-ni-hak-ja
Frauenarzt (m)	부인과 의사	bu-in-gwa ui-sa
Kardiologe (m)	심장병 전문의	sim-jang-byeong jeon-mun-ui

52. Medizin. Medikamente. Accessoires

Arznei (f)	약	yak
Heilmittel (n)	약제	yak-je
Rezept (n)	처방	cheo-bang
Tablette (f)	정제	jeong-je
Salbe (f)	연고	yeon-go
Ampulle (f)	앰풀	aem-pul
Mixtur (f)	혼합물	hon-ham-mul
Sirup (m)	물약	mul-lyak
Pille (f)	알약	a-ryak
Pulver (n)	가루약	ga-ru-yak
Verband (m)	거즈 붕대	geo-jeu bung-dae
Watte (f)	솜	som
Jod (n)	요오드	yo-o-deu
Pflaster (n)	반창고	ban-chang-go
Pipette (f)	점안기	jeom-an-gi
Thermometer (n)	체온계	che-on-gye
Spritze (f)	주사기	ju-sa-gi
Rollstuhl (m)	휠체어	hwil-che-eo
Krücken (pl)	목발	mok-bal
Betäubungsmittel (n)	진통제	jin-tong-je
Abführmittel (n)	완하제	wan-ha-je
Spiritus (m)	알코올	al-ko-ol
Heilkraut (n)	약초	yak-cho
Kräuter- (z.B. Kräutertee)	약초의	yak-cho-ui

LEBENSRAUM DES MENSCHEN

Stadt

53. Stadt. Leben in der Stadt

Stadt (f)	도시	do-si
Hauptstadt (f)	수도	su-do
Dorf (n)	마을	ma-eul
Stadtplan (m)	도시 지도	do-si ji-do
Stadtzentrum (n)	시내	si-nae
Vorort (m)	근교	geun-gyo
Vorort-	근교의	geun-gyo-ui
Umgebung (f)	주변	ju-byeon
Stadtviertel (n)	한 구획	han gu-hoek
Wohnblock (m)	동	dong
Straßenverkehr (m)	교통	gyo-tong
Ampel (f)	신호등	sin-ho-deung
Stadtverkehr (m)	대중교통	dae-jung-gyo-tong
Straßenkreuzung (f)	교차로	gyo-cha-ro
Übergang (m)	횡단 보도	hoeng-dan bo-do
Fußgängerunterführung (f)	지하 보도	ji-ha bo-do
überqueren (vt)	건너가다	geon-neo-ga-da
Fußgänger (m)	보행자	bo-haeng-ja
Gehweg (m)	인도	in-do
Brücke (f)	다리	da-ri
Kai (m)	강변로	gang-byeon-no
Allee (f)	길	gil
Park (m)	공원	gong-won
Boulevard (m)	대로	dae-ro
Platz (m)	광장	gwang-jang
Avenue (f)	가로	ga-ro
Straße (f)	거리	geo-ri
Gasse (f)	골목	gol-mok
Sackgasse (f)	막다른길	mak-da-reun-gil
Haus (n)	집	jip
Gebäude (n)	빌딩	bil-ding
Wolkenkratzer (m)	고층 건물	go-cheung geon-mul
Fassade (f)	전면	jeon-myeon
Dach (n)	지붕	ji-bung
Fenster (n)	창문	chang-mun

Bogen (m)	아치	a-chi
Säule (f)	기둥	gi-dung
Ecke (f)	모퉁이	mo-tung-i
Schaufenster (n)	쇼윈도우	syo-win-do-u
Firmenschild (n)	간판	gan-pan
Anschlag (m)	포스터	po-seu-teo
Werbeposter (m)	광고 포스터	gwang-go po-seu-teo
Werbeschild (n)	광고판	gwang-go-pan
Müll (m)	쓰레기	sseu-re-gi
Mülleimer (m)	쓰레기통	sseu-re-gi-tong
Mülldeponie (f)	쓰레기장	sseu-re-gi-jang
Telefonzelle (f)	공중 전화	gong-jung jeon-hwa
Straßenlaterne (f)	가로등	ga-ro-deung
Bank (Park-)	벤치	ben-chi
Polizist (m)	경찰관	gyeong-chal-gwan
Polizei (f)	경찰	gyeong-chal
Bettler (m)	거지	geo-ji
Obdachlose (m)	노숙자	no-suk-ja

54. Innerstädtische Einrichtungen

Laden (m)	가게, 상점	ga-ge, sang-jeom
Apotheke (f)	약국	yak-guk
Optik (f)	안경 가게	an-gyeong ga-ge
Einkaufszentrum (n)	쇼핑몰	syo-ping-mol
Supermarkt (m)	슈퍼마켓	syu-peo-ma-ket
Bäckerei (f)	빵집	ppang-jip
Bäcker (m)	제빵사	je-ppang-sa
Konditorei (f)	제과점	je-gwa-jeom
Lebensmittelladen (m)	식료품점	sing-nyo-pum-jeom
Metzgerei (f)	정육점	jeong-yuk-jeom
Gemüseladen (m)	야채 가게	ya-chae ga-ge
Markt (m)	시장	si-jang
Kaffeehaus (n)	커피숍	keo-pi-syop
Restaurant (n)	레스토랑	re-seu-to-rang
Bierstube (f)	바	ba
Pizzeria (f)	피자 가게	pi-ja ga-ge
Friseursalon (m)	미장원	mi-jang-won
Post (f)	우체국	u-che-guk
chemische Reinigung (f)	드라이 클리닝	deu-ra-i keul-li-ning
Fotostudio (n)	사진관	sa-jin-gwan
Schuhgeschäft (n)	신발 가게	sin-bal ga-ge
Buchhandlung (f)	서점	seo-jeom
Sportgeschäft (n)	스포츠용품 매장	seu-po-cheu-yong-pum mae-jang

Kleiderreparatur (f)	옷 수선 가게	ot su-seon ga-ge
Bekleidungsverleih (m)	의류 임대	ui-ryu im-dae
Videothek (f)	비디오 대여	bi-di-o dae-yeo

Zirkus (m)	서커스	seo-keo-seu
Zoo (m)	동물원	dong-mu-rwon
Kino (n)	영화관	yeong-hwa-gwan
Museum (n)	박물관	bang-mul-gwan
Bibliothek (f)	도서관	do-seo-gwan

Theater (n)	극장	geuk-jang
Opernhaus (n)	오페라극장	o-pe-ra-geuk-jang
Nachtklub (m)	나이트 클럽	na-i-teu keul-leop
Kasino (n)	카지노	ka-ji-no

Moschee (f)	모스크	mo-seu-keu
Synagoge (f)	유대교 회당	yu-dae-gyo hoe-dang
Kathedrale (f)	대성당	dae-seong-dang
Tempel (m)	사원, 신전	sa-won, sin-jeon
Kirche (f)	교회	gyo-hoe

Institut (n)	단과대학	dan-gwa-dae-hak
Universität (f)	대학교	dae-hak-gyo
Schule (f)	학교	hak-gyo

Präfektur (f)	도, 현	do, hyeon
Rathaus (n)	시청	si-cheong
Hotel (n)	호텔	ho-tel
Bank (f)	은행	eun-haeng

Botschaft (f)	대사관	dae-sa-gwan
Reisebüro (n)	여행사	yeo-haeng-sa
Informationsbüro (n)	안내소	an-nae-so
Wechselstube (f)	환전소	hwan-jeon-so

U-Bahn (f)	지하철	ji-ha-cheol
Krankenhaus (n)	병원	byeong-won

Tankstelle (f)	주유소	ju-yu-so
Parkplatz (m)	주차장	ju-cha-jang

55. Schilder

Firmenschild (n)	간판	gan-pan
Aufschrift (f)	안내문	an-nae-mun
Plakat (n)	포스터	po-seu-teo
Wegweiser (m)	방향표시	bang-hyang-pyo-si
Pfeil (m)	화살표	hwa-sal-pyo

Vorsicht (f)	경고	gyeong-go
Warnung (f)	경고판	gyeong-go-pan
warnen (vt)	경고하다	gyeong-go-ha-da
freier Tag (m)	휴일	hyu-il
Fahrplan (m)	시간표	si-gan-pyo

Öffnungszeiten (pl)	영업 시간	yeong-eop si-gan
HERZLICH WILLKOMMEN!	어서 오세요!	eo-seo o-se-yo!
EINGANG	입구	ip-gu
AUSGANG	출구	chul-gu

DRÜCKEN	미세요	mi-se-yo
ZIEHEN	당기세요	dang-gi-se-yo
GEÖFFNET	열림	yeol-lim
GESCHLOSSEN	닫힘	da-chim

| DAMEN, FRAUEN | 여성전용 | yeo-seong-jeo-nyong |
| HERREN, MÄNNER | 남성 | nam-seong-jeo-nyong |

AUSVERKAUF	할인	ha-rin
REDUZIERT	세일	se-il
NEU!	신상품	sin-sang-pum
GRATIS	공짜	gong-jja

ACHTUNG!	주의!	ju-ui!
ZIMMER BELEGT	빈 방 없음	bin bang eop-seum
RESERVIERT	예약석	ye-yak-seok

| VERWALTUNG | 관리부 | gwal-li-bu |
| NUR FÜR PERSONAL | 직원 전용 | ji-gwon jeo-nyong |

VORSICHT BISSIGER HUND	개조심	gae-jo-sim
RAUCHEN VERBOTEN!	금연	geu-myeon
BITTE NICHT BERÜHREN	손 대지 마시오!	son dae-ji ma-si-o!

GEFÄHRLICH	위험	wi-heom
VORSICHT!	위험	wi-heom
HOCHSPANNUNG	고전압	go-jeon-ap
BADEN VERBOTEN	수영 금시	su-yeong geum-ji
AUßER BETRIEB	수리중	su-ri-jung

LEICHTENTZÜNDLICH	가연성 물자	ga-yeon-seong mul-ja
VERBOTEN	금지	geum-ji
DURCHGANG VERBOTEN	출입 금지	chu-rip geum-ji
FRISCH GESTRICHEN	칠 주의	chil ju-ui

56. Innerstädtischer Transport

Bus (m)	버스	beo-seu
Straßenbahn (f)	전차	jeon-cha
Obus (m)	트롤리 버스	teu-rol-li beo-seu
Linie (f)	노선	no-seon
Nummer (f)	번호	beon-ho

mit ... fahren	... 타고 가다	... ta-go ga-da
einsteigen (vi)	타다	ta-da
aussteigen (aus dem Bus)	... 에서 내리다	... e-seo nae-ri-da
Haltestelle (f)	정류장	jeong-nyu-jang
nächste Haltestelle (f)	다음 정류장	da-eum jeong-nyu-jang

Endhaltestelle (f)	종점	jong-jeom
Fahrplan (m)	시간표	si-gan-pyo
warten (vi, vt)	기다리다	gi-da-ri-da
Fahrkarte (f)	표	pyo
Fahrpreis (m)	요금	yo-geum
Kassierer (m)	계산원	gye-san-won
Fahrkartenkontrolle (f)	검표	geom-pyo
Fahrkartenkontrolleur (m)	검표원	geom-pyo-won
sich verspäten	… 시간에 늦다	… si-gan-e neut-da
versäumen (Zug usw.)	놓치다	no-chi-da
sich beeilen	서두르다	seo-du-reu-da
Taxi (n)	택시	taek-si
Taxifahrer (m)	택시 운전 기사	taek-si un-jeon gi-sa
mit dem Taxi	택시로	taek-si-ro
Taxistand (m)	택시 정류장	taek-si jeong-nyu-jang
ein Taxi rufen	택시를 부르다	taek-si-reul bu-reu-da
ein Taxi nehmen	택시를 타다	taek-si-reul ta-da
Straßenverkehr (m)	교통	gyo-tong
Stau (m)	교통 체증	gyo-tong che-jeung
Hauptverkehrszeit (f)	러시 아워	reo-si a-wo
parken (vi)	주차하다	ju-cha-ha-da
parken (vt)	주차하다	ju-cha-ha-da
Parkplatz (m)	주차장	ju-cha-jang
U-Bahn (f)	지하철	ji-ha-cheol
Station (f)	역	yeok
mit der U-Bahn fahren	지하철을 타다	ji-ha-cheo-reul ta-da
Zug (m)	기차	gi-cha
Bahnhof (m)	기차역	gi-cha-yeok

57. Sehenswürdigkeiten

Denkmal (n)	기념비	gi-nyeom-bi
Festung (f)	요새	yo-sae
Palast (m)	궁전	gung-jeon
Schloss (n)	성	seong
Turm (m)	탑	tap
Mausoleum (n)	영묘	yeong-myo
Architektur (f)	건축	geon-chuk
mittelalterlich	중세의	jung-se-ui
alt (antik)	고대의	go-dae-ui
national	국가의	guk-ga-ui
berühmt	유명한	yu-myeong-han
Tourist (m)	관광객	gwan-gwang-gaek
Fremdenführer (m)	가이드	ga-i-deu
Ausflug (m)	견학, 관광	gyeon-hak, gwan-gwang
zeigen (vt)	보여주다	bo-yeo-ju-da

German	Korean	Romanization
erzählen (vt)	이야기하다	i-ya-gi-ha-da
finden (vt)	찾다	chat-da
sich verlieren	길을 잃다	gi-reul ril-ta
Karte (U-Bahn ~)	노선도	no-seon-do
Karte (Stadt-)	지도	ji-do
Souvenir (n)	기념품	gi-nyeom-pum
Souvenirladen (m)	기념품 가게	gi-nyeom-pum ga-ge
fotografieren (vt)	사진을 찍다	sa-ji-neul jjik-da
sich fotografieren	사진을 찍다	sa-ji-neul jjik-da

58. Shopping

German	Korean	Romanization
kaufen (vt)	사다	sa-da
Einkauf (m)	구매	gu-mae
einkaufen gehen	쇼핑하다	syo-ping-ha-da
Einkaufen (n)	쇼핑	syo-ping
offen sein (Laden)	열리다	yeol-li-da
zu sein	닫다	dat-da
Schuhe (pl)	신발	sin-bal
Kleidung (f)	옷	ot
Kosmetik (f)	화장품	hwa-jang-pum
Lebensmittel (pl)	식품	sik-pum
Geschenk (n)	선물	seon-mul
Verkäufer (m)	판매원	pan-mae-won
Verkäuferin (f)	여판매원	yeo-pan-mae-won
Kasse (f)	계산대	gye-san-dae
Spiegel (m)	거울	geo-ul
Ladentisch (m)	계산대	gye-san-dae
Umkleidekabine (f)	탈의실	ta-rui-sil
anprobieren (vt)	입어보다	i-beo-bo-da
passen (Schuhe, Kleid)	어울리다	eo-ul-li-da
gefallen (vi)	좋아하다	jo-a-ha-da
Preis (m)	가격	ga-gyeok
Preisschild (n)	가격표	ga-gyeok-pyo
kosten (vt)	값이 … 이다	gap-si … i-da
Wie viel?	얼마?	eol-ma?
Rabatt (m)	할인	ha-rin
preiswert	비싸지 않은	bi-ssa-ji a-neun
billig	싼	ssan
teuer	비싼	bi-ssan
Das ist teuer	비쌉니다	bi-ssam-ni-da
Verleih (m)	임대	im-dae
leihen, mieten (ein Auto usw.)	빌리다	bil-li-da
Kredit (m), Darlehen (n)	신용	si-nyong
auf Kredit	신용으로	si-nyong-eu-ro

59. Geld

Deutsch	Koreanisch	Romanisierung
Geld (n)	돈	don
Austausch (m)	환전	hwan-jeon
Kurs (m)	환율	hwa-nyul
Geldautomat (m)	현금 자동 지급기	hyeon-geum ja-dong ji-geup-gi
Münze (f)	동전	dong-jeon
Dollar (m)	달러	dal-leo
Euro (m)	유로	yu-ro
Lira (f)	리라	ri-ra
Mark (f)	마르크	ma-reu-keu
Franken (m)	프랑	peu-rang
Pfund Sterling (n)	파운드	pa-un-deu
Yen (m)	엔	en
Schulden (pl)	빚	bit
Schuldner (m)	채무자	chae-mu-ja
leihen (vt)	빌려주다	bil-lyeo-ju-da
leihen, borgen (Geld usw.)	빌리다	bil-li-da
Bank (f)	은행	eun-haeng
Konto (n)	계좌	gye-jwa
auf ein Konto einzahlen	계좌에 입금하다	ip-geum-ha-da
abheben (vt)	출금하다	chul-geum-ha-da
Kreditkarte (f)	신용 카드	si-nyong ka-deu
Bargeld (n)	현금	hyeon-geum
Scheck (m)	수표	su-pyo
einen Scheck schreiben	수표를 끊다	su-pyo-reul kkeun-ta
Scheckbuch (n)	수표책	su-pyo-chaek
Geldtasche (f)	지갑	ji-gap
Geldbeutel (m)	동전지갑	dong-jeon-ji-gap
Safe (m)	금고	geum-go
Erbe (m)	상속인	sang-so-gin
Erbschaft (f)	유산	yu-san
Vermögen (n)	재산, 큰돈	jae-san, keun-don
Pacht (f)	임대	im-dae
Miete (f)	집세	jip-se
mieten (vt)	임대하다	im-dae-ha-da
Preis (m)	가격	ga-gyeok
Kosten (pl)	비용	bi-yong
Summe (f)	액수	aek-su
ausgeben (vt)	쓰다	sseu-da
Ausgaben (pl)	출비를	chul-bi-reul
sparen (vt)	절약하다	jeo-ryak-a-da
sparsam	경제적인	gyeong-je-jeo-gin
zahlen (vt)	지불하다	ji-bul-ha-da

| Lohn (m) | 지불 | ji-bul |
| Wechselgeld (n) | 거스름돈 | geo-seu-reum-don |

Steuer (f)	세금	se-geum
Geldstrafe (f)	벌금	beol-geum
bestrafen (vt)	벌금을 부과하다	beol-geu-meul bu-gwa-ha-da

60. Post. Postdienst

Post (Postamt)	우체국	u-che-guk
Post (Postsendungen)	우편물	u-pyeon-mul
Briefträger (m)	우체부	u-che-bu
Öffnungszeiten (pl)	영업 시간	yeong-eop si-gan

Brief (m)	편지	pyeon-ji
Einschreibebrief (m)	등기 우편	deung-gi u-pyeon
Postkarte (f)	엽서	yeop-seo
Telegramm (n)	전보	jeon-bo
Postpaket (n)	소포	so-po
Geldanweisung (f)	송금	song-geum

bekommen (vt)	받다	bat-da
abschicken (vt)	보내다	bo-nae-da
Absendung (f)	발송	bal-song

Postanschrift (f)	주소	ju-so
Postleitzahl (f)	우편 번호	u-pyeon beon-ho
Absender (m)	발송인	bal-song-in
Empfänger (m)	수신인	su-sin-in

| Vorname (m) | 이름 | i-reum |
| Nachname (m) | 성 | seong |

Tarif (m)	요금	yo-geum
Standard- (Tarif)	일반의	il-ba-nui
Spar- (-tarif)	경제적인	gyeong-je-jeo-gin

Gewicht (n)	무게	mu-ge
abwiegen (vt)	무게를 달다	mu-ge-reul dal-da
Briefumschlag (m)	봉투	bong-tu
Briefmarke (f)	우표	u-pyo

Wohnung. Haus. Zuhause

61. Haus. Elektrizität

Elektrizität (f)	전기	jeon-gi
Glühbirne (f)	전구	jeon-gu
Schalter (m)	스위치	seu-wi-chi
Sicherung (f)	퓨즈	pyu-jeu
Draht (m)	전선	jeon-seon
Leitung (f)	배선	bae-seon
Stromzähler (m)	전기 계량기	jeon-gi gye-ryang-gi
Zählerstand (m)	판독값	pan-dok-gap

62. Villa. Schloss

Landhaus (n)	시외 주택	si-oe ju-taek
Villa (f)	별장	byeol-jang
Flügel (m)	동	dong
Garten (m)	정원	jeong-won
Park (m)	공원	gong-won
Orangerie (f)	열대온실	yeol-dae-on-sil
pflegen (Garten usw.)	… 을 맡다	… eul mat-da
Schwimmbad (n)	수영장	su-yeong-jang
Kraftraum (m)	헬스장	hel-seu-jang
Tennisplatz (m)	테니스장	te-ni-seu-jang
Heimkinoraum (m)	홈씨어터	hom-ssi-eo-teo
Garage (f)	차고	cha-go
Privateigentum (n)	개인 소유물	gae-in so-yu-mul
Privatgrundstück (n)	사유 토지	sa-yu to-ji
Warnung (f)	경고	gyeong-go
Warnschild (n)	경고판	gyeong-go-pan
Bewachung (f)	보안	bo-an
Wächter (m)	보안요원	bo-a-nyo-won
Alarmanlage (f)	도난 경보기	do-nan gyeong-bo-gi

63. Wohnung

Wohnung (f)	아파트	a-pa-teu
Zimmer (n)	방	bang
Schlafzimmer (n)	침실	chim-sil

Deutsch	Koreanisch	Romanisation
Esszimmer (n)	식당	sik-dang
Wohnzimmer (n)	거실	geo-sil
Arbeitszimmer (n)	서재	seo-jae
Vorzimmer (n)	곁방	gyeot-bang
Badezimmer (n)	욕실	yok-sil
Toilette (f)	화장실	hwa-jang-sil
Decke (f)	천장	cheon-jang
Fußboden (m)	마루	ma-ru
Ecke (f)	구석	gu-seok

64. Möbel. Innenausstattung

Deutsch	Koreanisch	Romanisation
Möbel (n)	가구	ga-gu
Tisch (m)	식탁, 테이블	sik-tak, te-i-beul
Stuhl (m)	의자	ui-ja
Bett (n)	침대	chim-dae
Sofa (n)	소파	so-pa
Sessel (m)	안락 의자	al-lak gui-ja
Bücherschrank (m)	책장	chaek-jang
Regal (n)	책꽂이	chaek-kko-ji
Schrank (m)	옷장	ot-jang
Hakenleiste (f)	옷걸이	ot-geo-ri
Kleiderständer (m)	스탠드옷걸이	seu-taen-deu-ot-geo-ri
Kommode (f)	서랍장	seo-rap-jang
Couchtisch (m)	커피 테이블	keo-pi te-i-beul
Spiegel (m)	거울	geo-ul
Teppich (m)	양탄자	yang-tan-ja
Matte (kleiner Teppich)	러그	reo-geu
Kamin (m)	벽난로	byeong-nan-no
Kerze (f)	초	cho
Kerzenleuchter (m)	촛대	chot-dae
Vorhänge (pl)	커튼	keo-teun
Tapete (f)	벽지	byeok-ji
Jalousie (f)	블라인드	beul-la-in-deu
Tischlampe (f)	테이블 램프	deung
Leuchte (f)	벽등	byeok-deung
Stehlampe (f)	플로어 스탠드	peul-lo-eo seu-taen-deu
Kronleuchter (m)	샹들리에	syang-deul-li-e
Bein (Tischbein usw.)	다리	da-ri
Armlehne (f)	팔걸이	pal-geo-ri
Lehne (f)	등받이	deung-ba-ji
Schublade (f)	서랍	seo-rap

65. Bettwäsche

Bettwäsche (f)	침구	chim-gu
Kissen (n)	베개	be-gae
Kissenbezug (m)	베갯잇	be-gaen-nit
Bettdecke (f)	이불	i-bul
Laken (n)	시트	si-teu
Tagesdecke (f)	침대보	chim-dae-bo

66. Küche

Küche (f)	부엌	bu-eok
Gas (n)	가스	ga-seu
Gasherd (m)	가스 레인지	ga-seu re-in-ji
Elektroherd (m)	전기 레인지	jeon-gi re-in-ji
Backofen (m)	오븐	o-beun
Mikrowellenherd (m)	전자 레인지	jeon-ja re-in-ji
Kühlschrank (m)	냉장고	naeng-jang-go
Tiefkühltruhe (f)	냉동고	naeng-dong-go
Geschirrspülmaschine (f)	식기 세척기	sik-gi se-cheok-gi
Fleischwolf (m)	고기 분쇄기	go-gi bun-swae-gi
Saftpresse (f)	과즙기	gwa-jeup-gi
Toaster (m)	토스터	to-seu-teo
Mixer (m)	믹서기	mik-seo-gi
Kaffeemaschine (f)	커피 메이커	keo-pi me-i-keo
Kaffeekanne (f)	커피 주전자	keo-pi ju-jeon-ja
Kaffeemühle (f)	커피 그라인더	keo-pi geu-ra-in-deo
Wasserkessel (m)	주전자	ju-jeon-ja
Teekanne (f)	티팟	ti-pat
Deckel (m)	뚜껑	ttu-kkeong
Teesieb (n)	차거름망	cha-geo-reum-mang
Löffel (m)	숟가락	sut-ga-rak
Teelöffel (m)	티스푼	ti-seu-pun
Esslöffel (m)	숟가락	sut-ga-rak
Gabel (f)	포크	po-keu
Messer (n)	칼	kal
Geschirr (n)	식기	sik-gi
Teller (m)	접시	jeop-si
Untertasse (f)	받침 접시	bat-chim jeop-si
Schnapsglas (n)	소주잔	so-ju-jan
Glas (n)	유리잔	yu-ri-jan
Tasse (f)	컵	keop
Zuckerdose (f)	설탕그릇	seol-tang-geu-reut
Salzstreuer (m)	소금통	so-geum-tong
Pfefferstreuer (m)	후추통	hu-chu-tong

Butterdose (f)	버터 접시	beo-teo jeop-si
Kochtopf (m)	냄비	naem-bi
Pfanne (f)	프라이팬	peu-ra-i-paen
Schöpflöffel (m)	국자	guk-ja
Durchschlag (m)	체	che
Tablett (n)	쟁반	jaeng-ban
Flasche (f)	병	byeong
Glas (Einmachglas)	유리병	yu-ri-byeong
Dose (f)	캔, 깡통	kaen, kkang-tong
Flaschenöffner (m)	병따개	byeong-tta-gae
Dosenöffner (m)	깡통 따개	kkang-tong tta-gae
Korkenzieher (m)	코르크 마개 뽑이	ko-reu-keu ma-gae ppo-bi
Filter (n)	필터	pil-teo
filtern (vt)	여과하다	yeo-gwa-ha-da
Müll (m)	쓰레기	sseu-re-gi
Mülleimer, Treteimer (m)	쓰레기통	sseu-re-gi-tong

67. Bad

Badezimmer (n)	욕실	yok-sil
Wasser (n)	물	mul
Wasserhahn (m)	수도꼭지	su-do-kkok-ji
Warmwasser (n)	온수	on-su
Kaltwasser (n)	냉수	naeng-su
Zahnpasta (f)	치약	chi-yak
Zähne putzen	이를 닦다	i-reul dak-da
sich rasieren	깎다	kkak-da
Rasierschaum (m)	면도 크림	myeon-do keu-rim
Rasierer (m)	면도기	myeon-do-gi
waschen (vt)	씻다	ssit-da
sich waschen	목욕하다	mo-gyok-a-da
Dusche (f)	샤워	sya-wo
sich duschen	샤워하다	sya-wo-ha-da
Badewanne (f)	욕조	yok-jo
Klosettbecken (n)	변기	byeon-gi
Waschbecken (n)	세면대	se-myeon-dae
Seife (f)	비누	bi-nu
Seifenschale (f)	비누 그릇	bi-nu geu-reut
Schwamm (m)	스펀지	seu-peon-ji
Shampoo (n)	샴푸	syam-pu
Handtuch (n)	수건	su-geon
Bademantel (m)	목욕가운	mo-gyok-ga-un
Wäsche (f)	빨래	ppal-lae
Waschmaschine (f)	세탁기	se-tak-gi

| waschen (vt) | 빨래하다 | ppal-lae-ha-da |
| Waschpulver (n) | 가루세제 | ga-ru-se-je |

68. Haushaltsgeräte

Fernseher (m)	텔레비전	tel-le-bi-jeon
Tonbandgerät (n)	카세트 플레이어	ka-se-teu peul-le-i-eo
Videorekorder (m)	비디오테이프 녹화기	bi-di-o-te-i-peu nok-wa-gi
Empfänger (m)	라디오	ra-di-o
Player (m)	플레이어	peul-le-i-eo

Videoprojektor (m)	프로젝터	peu-ro-jek-teo
Heimkino (n)	홈씨어터	hom-ssi-eo-teo
DVD-Player (m)	디비디 플레이어	di-bi-di peul-le-i-eo
Verstärker (m)	앰프	aem-peu
Spielkonsole (f)	게임기	ge-im-gi

Videokamera (f)	캠코더	kaem-ko-deo
Kamera (f)	카메라	ka-me-ra
Digitalkamera (f)	디지털 카메라	di-ji-teol ka-me-ra

Staubsauger (m)	진공 청소기	jin-gong cheong-so-gi
Bügeleisen (n)	다리미	da-ri-mi
Bügelbrett (n)	다림질 판	da-rim-jil pan

Telefon (n)	전화	jeon-hwa
Mobiltelefon (n)	휴대폰	hyu-dae-pon
Schreibmaschine (f)	타자기	ta-ja-gi
Nähmaschine (f)	재봉틀	jae-bong-teul

Mikrophon (n)	마이크	ma-i-keu
Kopfhörer (m)	헤드폰	he-deu-pon
Fernbedienung (f)	원격 조종	won-gyeok jo-jong

CD (f)	씨디	ssi-di
Kassette (f)	테이프	te-i-peu
Schallplatte (f)	레코드 판	re-ko-deu pan

AKTIVITÄTEN DES MENSCHEN

Beruf. Geschäft. Teil 1

69. Büro. Arbeiten im Büro

Deutsch	Koreanisch	Romanisierung
Büro (Firmensitz)	사무실	sa-mu-sil
Büro (~ des Direktors)	사무실	sa-mu-sil
Rezeption (f)	접수처	jeop-su-cheo
Sekretär (m)	비서	bi-seo
Direktor (m)	사장	sa-jang
Manager (m)	매니저	mae-ni-jeo
Buchhalter (m)	회계사	hoe-gye-sa
Mitarbeiter (m)	직원	ji-gwon
Möbel (n)	가구	ga-gu
Tisch (m)	책상	chaek-sang
Schreibtischstuhl (m)	책상 의자	chaek-sang ui-ja
Kleiderständer (m)	스탠드옷걸이	seu-taen-deu-ot-geo-ri
Computer (m)	컴퓨터	keom-pyu-teo
Drucker (m)	프린터	peu-rin-teo
Fax (n)	팩스기	paek-seu-gi
Kopierer (m)	복사기	bok-sa-gi
Papier (n)	종이	jong-i
Büromaterial (n)	사무용품	sa-mu-yong-pum
Mousepad (n)	마우스 패드	ma-u-seu pae-deu
Blatt (n) Papier	한 장	han jang
Ordner (m)	바인더	ba-in-deo
Katalog (m)	카탈로그	ka-tal-lo-geu
Adressbuch (n)	전화번호부	jeon-hwa-beon-ho-bu
Dokumentation (f)	문서	mun-seo
Broschüre (f)	브로셔	beu-ro-syeo
Flugblatt (n)	전단	jeon-dan
Muster (n)	샘플	saem-peul
Training (n)	수련회를	su-ryeon-hoe-reul
Meeting (n)	회의	hoe-ui
Mittagspause (f)	점심시간	jeom-sim-si-gan
eine Kopie machen	사본을 만들다	sa-bo-neul man-deul-da
vervielfältigen (vt)	복사하다	bok-sa-ha-da
ein Fax bekommen	팩스를 받다	paek-seu-reul bat-da
ein Fax senden	팩스를 보내다	paek-seu-reul bo-nae-da
anrufen (vt)	전화하다	jeon-hwa-ha-da
antworten (vi)	대답하다	dae-da-pa-da

verbinden (vt)	연결해 주다	yeon-gyeol-hae ju-da
ausmachen (vt)	마련하다	ma-ryeon-ha-da
demonstrieren (vt)	전시하다	jeon-si-ha-da
fehlen (am Arbeitsplatz ~)	결석하다	gyeol-seok-a-da
Abwesenheit (f)	결근	gyeol-geun

70. Geschäftsabläufe. Teil 1

Angelegenheit (f)	직업	ji-geop
Firma (f)	회사	hoe-sa
Gesellschaft (f)	회사	hoe-sa
Konzern (m)	사단 법인	sa-dan beo-bin
Unternehmen (n)	업체	eop-che
Agentur (f)	에이전시	e-i-jeon-si
Vereinbarung (f)	약정	yak-jeong
Vertrag (m)	계약	gye-yak
Geschäft (Transaktion)	거래	geo-rae
Auftrag (Bestellung)	주문	ju-mun
Bedingung (f)	조건	jo-geon
en gros (im Großen)	도매로	do-mae-ro
Großhandels-	도매의	do-mae-ui
Großhandel (m)	도매	do-mae
Einzelhandels-	소매의	so-mae-ui
Einzelhandel (m)	소매	so-mae
Konkurrent (m)	경쟁자	gyeong-jaeng-ja
Konkurrenz (f)	경쟁	gyeong-jaeng
konkurrieren (vi)	경쟁하다	gyeong-jaeng-ha-da
Partner (m)	파트너	pa-teu-neo
Partnerschaft (f)	파트너십	pa-teu-neo-sip
Krise (f)	위기	wi-gi
Bankrott (m)	파산	pa-san
Bankrott machen	파산하다	pa-san-ha-da
Schwierigkeit (f)	어려움	eo-ryeo-um
Problem (n)	문제	mun-je
Katastrophe (f)	재난	jae-nan
Wirtschaft (f)	경기, 경제	gyeong-gi, gyeong-je
wirtschaftlich	경제의	gyeong-je-ui
Rezession (f)	경기침체	gyeong-gi-chim-che
Ziel (n)	목표	mok-pyo
Aufgabe (f)	임무	im-mu
handeln (Handel treiben)	거래하다	geo-rae-ha-da
Netz (Verkaufs-)	네트워크	ne-teu-wo-keu
Lager (n)	재고	jae-go
Sortiment (n)	세트	se-teu
führende Unternehmen (n)	리더	ri-deo
groß (-e Firma)	규모가 큰	gyu-mo-ga keun

Monopol (n)	독점	dok-jeom
Theorie (f)	이론	i-ron
Praxis (f)	실천	sil-cheon
Erfahrung (f)	경험	gyeong-heom
Tendenz (f)	경향	gyeong-hyang
Entwicklung (f)	개발	gae-bal

71. Geschäftsabläufe. Teil 2

Vorteil (m)	수익, 이익	su-ik, i-ik
vorteilhaft	수익성이 있는	su-ik-seong-i in-neun
Delegation (f)	대표단	dae-pyo-dan
Lohn (m)	급여, 월급	geu-byeo, wol-geup
korrigieren (vt)	고치다	go-chi-da
Dienstreise (f)	출장	chul-jang
Kommission (f)	수수료	su-su-ryo
kontrollieren (vt)	제어하다	je-eo-ha-da
Konferenz (f)	회의	hoe-ui
Lizenz (f)	면허증	myeon-heo-jeung
zuverlässig	믿을 만한	mi-deul man-han
Initiative (f)	시작	si-jak
Norm (f)	표준	pyo-jun
Umstand (m)	상황	sang-hwang
Pflicht (f)	의무	ui-mu
Unternehmen (n)	조직	jo-jik
Organisation (Prozess)	준비	jun-bi
organisiert (Adj)	조직된	jo-jik-doen
Abschaffung (f)	취소	chwi-so
abschaffen (vt)	취소하다	chwi-so-ha-da
Bericht (m)	보고서	bo-go-seo
Patent (n)	특허	teuk-eo
patentieren (vt)	특허를 받다	teuk-eo-reul bat-da
planen (vt)	계획하다	gye-hoek-a-da
Prämie (f)	보너스	bo-neo-seu
professionell	전문가의	jeon-mun-ga-ui
Prozedur (f)	절차	jeol-cha
prüfen (Vertrag ~)	조사하다	jo-sa-ha-da
Berechnung (f)	계산	gye-san
Ruf (m)	평판	pyeong-pan
Risiko (n)	위험	wi-heom
leiten (vt)	운영하다	u-nyeong-ha-da
Informationen (pl)	정보	jeong-bo
Eigentum (n)	소유	so-yu
Bund (m)	연합	yeon-hap
Lebensversicherung (f)	생명 보험	saeng-myeong bo-heom
versichern (vt)	보험에 들다	bo-heom-e deul-da

Versicherung (f)	보험	bo-heom
Auktion (f)	경매	gyeong-mae
benachrichtigen (vt)	통지하다	tong-ji-ha-da
Verwaltung (f)	주관	ju-gwan
Dienst (m)	서비스	seo-bi-seu
Forum (n)	포럼	po-reom
funktionieren (vi)	기능하다	gi-neung-ha-da
Etappe (f)	단계	dan-gye
juristisch	법률상의	beom-nyul-sang-ui
Jurist (m)	법률고문	beom-nyul-go-mun

72. Fertigung. Arbeiten

Werk (n)	공장	gong-jang
Fabrik (f)	공장	gong-jang
Werkstatt (f)	작업장	ja-geop-jang
Betrieb (m)	현장	hyeon-jang
Industrie (f)	산업, 공업	san-eop, gong-eop
Industrie-	산업의	san-eo-bui
Schwerindustrie (f)	중공업	jung-gong-eop
Leichtindustrie (f)	경공업	gyeong-gong-eop
Produktion (f)	제품	je-pum
produzieren (vt)	제조하다	je-jo-ha-da
Rohstoff (m)	원재료	won-jae-ryo
Vorarbeiter (m), Meister (m)	작업반장	ja-geop-ban-jang
Arbeitsteam (n)	작업반	ja-geop-ban
Arbeiter (m)	노동자	no-dong-ja
Arbeitstag (m)	근무일	geun-mu-il
Pause (f)	휴식	hyu-sik
Versammlung (f)	회의	hoe-ui
besprechen (vt)	의논하다	ui-non-ha-da
Plan (m)	계획	gye-hoek
den Plan erfüllen	계획을 수행하다	gye-hoe-geul su-haeng-ha-da
Arbeitsertrag (m)	생산량	saeng-sal-lyang
Qualität (f)	품질	pum-jil
Prüfung, Kontrolle (f)	관리	gwal-li
Gütekontrolle (f)	품질 관리	pum-jil gwal-li
Arbeitsplatzsicherheit (f)	산업안전	sa-neo-ban-jeon
Disziplin (f)	규율	gyu-yul
Übertretung (f)	위반	wi-ban
übertreten (vt)	위반하다	wi-ban-ha-da
Streik (m)	파업	pa-eop
Streikender (m)	파업자	pa-eop-ja
streiken (vi)	파업하다	pa-eo-pa-da
Gewerkschaft (f)	노동조합	no-dong-jo-hap
erfinden (vt)	발명하다	bal-myeong-ha-da

Erfindung (f)	발명	bal-myeong
Erforschung (f)	연구	yeon-gu
verbessern (vt)	개선하다	gae-seon-ha-da
Technologie (f)	기술	gi-sul
technische Zeichnung (f)	건축 도면	geon-chuk do-myeon
Ladung (f)	화물	hwa-mul
Ladearbeiter (m)	하역부	ha-yeok-bu
laden (vt)	싣다	sit-da
Beladung (f)	적재	jeok-jae
entladen (vt)	짐을 부리다	ji-meul bu-ri-da
Entladung (f)	짐부리기	jim-bu-ri-gi
Transport (m)	운송	un-song
Transportunternehmen (n)	운송 회사	un-song hoe-sa
transportieren (vt)	운송하다	un-song-ha-da
Güterwagen (m)	화차	hwa-cha
Zisterne (f)	탱크	taeng-keu
Lastkraftwagen (m)	트럭	teu-reok
Werkzeugmaschine (f)	공작 기계	gong-jak gi-gye
Mechanismus (m)	기계 장치	gi-gye jang-chi
Industrieabfälle (pl)	산업폐기물	san-eop-pye-gi-mul
Verpacken (n)	포장	po-jang
verpacken (vt)	포장하다	po-jang-ha-da

73. Vertrag. Zustimmung

Vertrag (m), Auftrag (m)	계약	gye-yak
Vereinbarung (f)	약정	yak-jeong
Anhang (m)	별첨	byeol-cheom
einen Vertrag abschließen	계약에 서명하다	gye-ya-ge seo-myeong-ha-da
Unterschrift (f)	서명	seo-myeong
unterschreiben (vt)	서명하다	seo-myeong-ha-da
Stempel (m)	도장	do-jang
Vertragsgegenstand (m)	계약 내용	gye-yak nae-yong
Punkt (m)	항	hang
Parteien (pl)	양측	yang-cheuk
rechtmäßige Anschrift (f)	법인 주소	beo-bin ju-so
Vertrag brechen	계약을 위반하다	gye-ya-geul rwi-ban-ha-da
Verpflichtung (f)	의무	ui-mu
Verantwortlichkeit (f)	책임	chae-gim
Force majeure (f)	불가항력	bul-ga-hang-nyeok
Streit (m)	분쟁	bun-jaeng
Strafsanktionen (pl)	제재	je-jae

74. Import & Export

Import (m)	수입	su-ip
Importeur (m)	수입업자	su-i-beop-ja
importieren (vt)	수입하다	su-i-pa-da
Import-	수입의	su-i-bui
Exporteur (m)	수출업자	su-chu-reop-ja
exportieren (vt)	수출하다	su-chul-ha-da
Waren (pl)	상품	sang-pum
Partie (f), Ladung (f)	탁송물	tak-song-mul
Gewicht (n)	무게	mu-ge
Volumen (n)	부피	bu-pi
Kubikmeter (m)	입방 미터	ip-bang mi-teo
Hersteller (m)	생산자	saeng-san-ja
Transportunternehmen (n)	운송 회사	un-song hoe-sa
Container (m)	컨테이너	keon-te-i-neo
Grenze (f)	국경	guk-gyeong
Zollamt (n)	세관	se-gwan
Zoll (m)	관세	gwan-se
Zollbeamter (m)	세관원	se-gwan-won
Schmuggel (m)	밀수입	mil-su-ip
Schmuggelware (f)	밀수품	mil-su-pum

75. Finanzen

Aktie (f)	주식	ju-sik
Obligation (f)	채권	chae-gwon
Wechsel (m)	어음	eo-eum
Börse (f)	증권거래소	jeung-gwon-geo-rae-so
Aktienkurs (m)	주가	ju-ga
billiger werden	내리다	nae-ri-da
teuer werden	오르다	o-reu-da
Mehrheitsbeteiligung (f)	지배 지분	ji-bae ji-bun
Investitionen (pl)	투자	tu-ja
investieren (vt)	투자하다	tu-ja-ha-da
Prozent (n)	퍼센트	peo-sen-teu
Zinsen (pl)	이자	i-ja
Gewinn (m)	수익, 이익	su-ik, i-ik
gewinnbringend	수익성이 있는	su-ik-seong-i in-neun
Steuer (f)	세금	se-geum
Währung (f)	통화	tong-hwa
Landes-	국가의	guk-ga-ui
Geldumtausch (m)	환전	hwan-jeon

Buchhalter (m)	회계사	hoe-gye-sa
Buchhaltung (f)	회계	hoe-gye
Bankrott (m)	파산	pa-san
Zusammenbruch (m)	붕괴	bung-goe
Pleite (f)	파산	pa-san
pleite gehen	파산하다	pa-san-ha-da
Inflation (f)	인플레이션	in-peul-le-i-syeon
Abwertung (f)	평가절하	pyeong-ga-jeol-ha
Kapital (n)	자본	ja-bon
Einkommen (n)	소득	so-deuk
Umsatz (m)	총매출액	chong-mae-chu-raek
Mittel (Reserven)	재원을	jae-wo-neul
Geldmittel (pl)	재정 자원을	jae-jeong ja-wo-neul
reduzieren (vt)	줄이다	ju-ri-da

76. Marketing

Marketing (n)	마케팅	ma-ke-ting
Markt (m)	시장	si-jang
Marktsegment (n)	시장 분야	si-jang bu-nya
Produkt (n)	제품	je-pum
Waren (pl)	상품	sang-pum
Handelsmarke (f)	트레이드마크	teu-re-i-deu-ma-keu
Firmenzeichen (n)	로고	ro-go
Logo (n)	로고	ro-go
Nachfrage (f)	수요	su-yo
Angebot (n)	공급	gong-geup
Bedürfnis (n)	필요	pi-ryo
Verbraucher (m)	소비자	so-bi-ja
Analyse (f)	분석	bun-seok
analysieren (vt)	분석하다	bun-seok-a-da
Positionierung (f)	포지셔닝	po-ji-syeo-ning
positionieren (vt)	포지셔닝하다	po-ji-syeo-ning-ha-da
Preis (m)	가격	ga-gyeok
Preispolitik (f)	가격 정책	ga-gyeok jeong-chaek
Preisbildung (f)	가격 형성	ga-gyeok yeong-seong

77. Werbung

Werbung (f)	광고	gwang-go
werben (vt)	광고하다	gwang-go-ha-da
Budget (n)	예산	ye-san
Werbeanzeige (f)	광고	gwang-go
Fernsehwerbung (f)	텔레비전 광고	tel-le-bi-jeon gwang-go
Radiowerbung (f)	라디오 광고	ra-di-o gwang-go

Außenwerbung (f)	옥외 광고	o-goe gwang-go
Massenmedien (pl)	매체	mae-che
Zeitschrift (f)	정기 간행물	jeong-gi gan-haeng-mul
Image (n)	이미지	i-mi-ji
Losung (f)	슬로건	seul-lo-geon
Motto (n)	표어	pyo-eo
Kampagne (f)	캠페인	kaem-pe-in
Werbekampagne (f)	광고 캠페인	gwang-go kaem-pe-in
Zielgruppe (f)	공략 대상	gong-nyak dae-sang
Visitenkarte (f)	명함	myeong-ham
Flugblatt (n)	전단	jeon-dan
Broschüre (f)	브로셔	beu-ro-syeo
Faltblatt (n)	팜플렛	pam-peul-let
Informationsblatt (n)	회보	hoe-bo
Firmenschild (n)	간판	gan-pan
Plakat (n)	포스터	po-seu-teo
Werbeschild (n)	광고판	gwang-go-pan

78. Bankgeschäft

Bank (f)	은행	eun-haeng
Filiale (f)	지점	ji-jeom
Berater (m)	행원	haeng-won
Leiter (m)	지배인	ji-bae-in
Konto (n)	은행계좌	eun-haeng-gye-jwa
Kontonummer (f)	계좌 번호	gye-jwa beon-ho
Kontokorrent (n)	당좌	dang-jwa
Sparkonto (n)	보통 예금	bo-tong ye-geum
ein Konto eröffnen	계좌를 열다	gye-jwa-reul ryeol-da
das Konto schließen	계좌를 해지하다	gye-jwa-reul hae-ji-ha-da
einzahlen (vt)	계좌에 입금하다	ip-geum-ha-da
abheben (vt)	출금하다	chul-geum-ha-da
Einzahlung (f)	저금	jeo-geum
eine Einzahlung machen	입금하다	ip-geum-ha-da
Überweisung (f)	송금	song-geum
überweisen (vt)	송금하다	song-geum-ha-da
Summe (f)	액수	aek-su
Wieviel?	얼마?	eol-ma?
Unterschrift (f)	서명	seo-myeong
unterschreiben (vt)	서명하다	seo-myeong-ha-da
Kreditkarte (f)	신용 카드	si-nyong ka-deu
Code (m)	비밀번호	bi-mil-beon-ho
Kreditkartennummer (f)	신용 카드 번호	si-nyong ka-deu beon-ho

Geldautomat (m)	현금 자동 지급기	hyeon-geum ja-dong ji-geup-gi
Scheck (m)	수표	su-pyo
einen Scheck schreiben	수표를 끊다	su-pyo-reul kkeun-ta
Scheckbuch (n)	수표책	su-pyo-chaek
Darlehen (m)	대출	dae-chul
ein Darlehen beantragen	대출 신청하다	dae-chul sin-cheong-ha-da
ein Darlehen aufnehmen	대출을 받다	dae-chu-reul bat-da
ein Darlehen geben	대출하다	dae-chul-ha-da
Sicherheit (f)	담보	dam-bo

79. Telefon. Telefongespräche

Telefon (n)	전화	jeon-hwa
Mobiltelefon (n)	휴대폰	hyu-dae-pon
Anrufbeantworter (m)	자동 응답기	ja-dong eung-dap-gi
anrufen (vt)	전화하다	jeon-hwa-ha-da
Anruf (m)	통화	tong-hwa
eine Nummer wählen	번호로 걸다	beon-ho-ro geol-da
Hallo!	여보세요!	yeo-bo-se-yo!
fragen (vt)	묻다	mut-da
antworten (vi)	전화를 받다	jeon-hwa-reul bat-da
hören (vt)	듣다	deut-da
gut (~ aussehen)	잘	jal
schlecht (Adv)	좋지 않은	jo-chi a-neun
Störungen (pl)	잡음	ja-beum
Hörer (m)	수화기	su-hwa-gi
den Hörer abnehmen	전화를 받다	jeon-hwa-reul bat-da
auflegen (den Hörer ~)	전화를 끊다	jeon-hwa-reul kkeun-ta
besetzt	통화 중인	tong-hwa jung-in
läuten (vi)	울리다	ul-li-da
Telefonbuch (n)	전화 번호부	jeon-hwa beon-ho-bu
Orts-	시내의	si-nae-ui
Auslands-	국제적인	guk-je-jeo-gin
Fern-	장거리의	jang-geo-ri-ui

80. Mobiltelefon

Mobiltelefon (n)	휴대폰	hyu-dae-pon
Display (n)	화면	hwa-myeon
Knopf (m)	버튼	beo-teun
SIM-Karte (f)	SIM 카드	SIM ka-deu
Batterie (f)	건전지	geon-jeon-ji
leer sein (Batterie)	나가다	na-ga-da

Ladegerät (n)	충전기	chung-jeon-gi
Menü (n)	메뉴	me-nyu
Einstellungen (pl)	설정	seol-jeong
Melodie (f)	벨소리	bel-so-ri
auswählen (vt)	선택하다	seon-taek-a-da
Rechner (m)	계산기	gye-san-gi
Anrufbeantworter (m)	자동 응답기	ja-dong eung-dap-gi
Wecker (m)	알람 시계	al-lam si-gye
Kontakte (pl)	연락처	yeol-lak-cheo
SMS-Nachricht (f)	문자 메시지	mun-ja me-si-ji
Teilnehmer (m)	가입자	ga-ip-ja

81. Bürobedarf

Kugelschreiber (m)	볼펜	bol-pen
Federhalter (m)	만년필	man-nyeon-pil
Bleistift (m)	연필	yeon-pil
Faserschreiber (m)	형광펜	hyeong-gwang-pen
Filzstift (m)	사인펜	sa-in-pen
Notizblock (m)	공책	gong-chaek
Terminkalender (m)	수첩	su-cheop
Lineal (n)	자	ja
Rechner (m)	계산기	gye-san-gi
Radiergummi (m)	지우개	ji-u-gae
Reißzwecke (f)	압정	ap-jeong
Heftklammer (f)	클립	keul-lip
Klebstoff (m)	접착제	jeop-chak-je
Hefter (m)	호치키스	ho-chi-ki-seu
Locher (m)	펀치	peon-chi
Bleistiftspitzer (m)	연필깎이	yeon-pil-kka-kki

82. Geschäftsarten

Buchführung (f)	회계 서비스	hoe-gye seo-bi-seu
Werbung (f)	광고	gwang-go
Werbeagentur (f)	광고 회사	gwang-go hoe-sa
Klimaanlagen (pl)	에어컨	e-eo-keon
Fluggesellschaft (f)	항공사	hang-gong-sa
Spirituosen (pl)	주류	ju-ryu
Antiquitäten (pl)	골동품	gol-dong-pum
Kunstgalerie (f)	미술관	mi-sul-gwan
Rechnungsprüfung (f)	회계 감사	hoe-gye gam-sa
Bankwesen (n)	금융업계	geu-myung-eop-gye
Bar (f)	바	ba

Schönheitssalon (m)	미장원	mi-jang-won
Buchhandlung (f)	서점	seo-jeom
Bierbrauerei (f)	맥주 양조장	maek-ju yang-jo-jang
Bürogebäude (n)	비즈니스 센터	bi-jeu-ni-seu sen-teo
Business-Schule (f)	비즈니스 스쿨	bi-jeu-ni-seu seu-kul
Kasino (n)	카지노	ka-ji-no
Bau (m)	건설	geon-seol
Beratung (f)	컨설팅	keon-seol-ting
Stomatologie (f)	치과 병원	chi-gwa byeong-won
Design (n)	디자인	di-ja-in
Apotheke (f)	약국	yak-guk
chemische Reinigung (f)	드라이 클리닝	deu-ra-i keul-li-ning
Personalagentur (f)	직업 소개소	ji-geop so-gae-so
Finanzdienstleistungen (pl)	재무 서비스	jae-mu seo-bi-seu
Nahrungsmittel (pl)	식품	sik-pum
Bestattungsinstitut (n)	장례식장	jang-nye-sik-jang
Möbel (n)	가구	ga-gu
Kleidung (f)	옷	ot
Hotel (n)	호텔	ho-tel
Eis (n)	아이스크림	a-i-seu-keu-rim
Industrie (f)	산업, 공업	san-eop, gong-eop
Versicherung (f)	보험	bo-heom
Internet (n)	인터넷	in-teo-net
Investitionen (pl)	투자	tu-ja
Juwelier (m)	보석 상인	bo-seok sang-in
Juwelierwaren (pl)	보석	bo-seok
Wäscherei (f)	세탁소	se-tak-so
Rechtsberatung (f)	법률컨설팅	beom-nyul-keon-seol-ting
Leichtindustrie (f)	경공업	gyeong-gong-eop
Zeitschrift (f)	잡지	jap-ji
Medizin (f)	의학	ui-hak
Kino (Filmtheater)	영화관	yeong-hwa-gwan
Museum (n)	박물관	bang-mul-gwan
Nachrichtenagentur (f)	통신사	tong-sin-sa
Zeitung (f)	신문	sin-mun
Nachtklub (m)	나이트 클럽	na-i-teu keul-leop
Erdöl (n)	석유	seo-gyu
Kurierdienst (m)	문서 송달 회사	mun-seo song-dal hoe-sa
Pharmaindustrie (f)	의약	ui-yak
Druckindustrie (f)	인쇄산업	in-swae-san-eop
Verlag (m)	출판사	chul-pan-sa
Rundfunk (m)	라디오	ra-di-o
Immobilien (pl)	부동산	bu-dong-san
Restaurant (n)	레스토랑	re-seu-to-rang
Sicherheitsagentur (f)	보안 회사	bo-an hoe-sa
Sport (m)	스포츠	seu-po-cheu

Börse (f)	증권거래소	jeung-gwon-geo-rae-so
Laden (m)	가게, 상점	ga-ge, sang-jeom
Supermarkt (m)	슈퍼마켓	syu-peo-ma-ket
Schwimmbad (n)	수영장	su-yeong-jang
Atelier (n)	양복점	yang-bok-jeom
Fernsehen (n)	텔레비전	tel-le-bi-jeon
Theater (n)	극장	geuk-jang
Handel (m)	거래	geo-rae
Transporte (pl)	운송	un-song
Reisen (pl)	관광산업	gwan-gwang-sa-neop
Tierarzt (m)	수의사	su-ui-sa
Warenlager (n)	창고	chang-go
Müllabfuhr (f)	쓰레기 수거	sseu-re-gi su-geo

Arbeit. Geschäft. Teil 2

83. Show. Ausstellung

Ausstellung (f)	전시회	jeon-si-hoe
Handelsausstellung (f)	상품 전시회	sang-pum jeon-si-hoe
Teilnahme (f)	참가	cham-ga
teilnehmen (vi)	참가하다	cham-ga-ha-da
Teilnehmer (m)	참가자	cham-ga-ja
Direktor (m)	대표이사	dae-pyo-i-sa
Messeverwaltung (f)	조직위원회	jo-ji-gwi-won-hoe
Organisator (m)	조직위원회	jo-ji-gwi-won-hoe
veranstalten (vt)	조직하다	jo-jik-a-da
Anmeldeformular (n)	참가 신청서	cham-ga sin-cheong-seo
ausfüllen (vt)	작성하다	jak-seong-ha-da
Details (pl)	상세	sang-se
Information (f)	정보	jeong-bo
Preis (m)	가격	ga-gyeok
einschließlich	포함하여	po-ham-ha-yeo
einschließen (vt)	포함하다	po-ham-ha-da
zahlen (vt)	지불하다	ji-bul-ha-da
Anmeldegebühr (f)	등록비	deung-nok-bi
Eingang (m)	입구	ip-gu
Pavillon (m)	전시실	jeon-si-sil
registrieren (vt)	등록하다	deung-nok-a-da
Namensschild (n)	명찰	myeong-chal
Stand (m)	부스	bu-seu
reservieren (vt)	예약하다	ye-yak-a-da
Vitrine (f)	진열장	ji-nyeol-jang
Strahler (m)	스포트라이트	seu-po-teu-ra-i-teu
Design (n)	디자인	di-ja-in
stellen (vt)	배치하다	bae-chi-ha-da
Distributor (m)	배급업자	bae-geu-beop-ja
Lieferant (m)	공급자	gong-geup-ja
Land (n)	나라	na-ra
ausländisch	외국의	oe-gu-gui
Produkt (n)	제품	je-pum
Assoziation (f)	협회	hyeo-poe
Konferenzraum (m)	회의장	hoe-ui-jang
Kongress (m)	회의	hoe-ui

Wettbewerb (m)	컨테스트	keon-te-seu-teu
Besucher (m)	방문객	bang-mun-gaek
besuchen (vt)	방문하다	bang-mun-ha-da
Auftraggeber (m)	고객	go-gaek

84. Wissenschaft. Forschung. Wissenschaftler

Wissenschaft (f)	과학	gwa-hak
wissenschaftlich	과학의	gwa-ha-gui
Wissenschaftler (m)	과학자	gwa-hak-ja
Theorie (f)	이론	i-ron
Axiom (n)	공리	gong-ni
Analyse (f)	분석	bun-seok
analysieren (vt)	분석하다	bun-seok-a-da
Argument (n)	주장	ju-jang
Substanz (f)	물질	mul-jil
Hypothese (f)	가설	ga-seol
Dilemma (n)	딜레마	dil-le-ma
Dissertation (f)	학위 논문	ha-gwi non-mun
Dogma (n)	도그마	do-geu-ma
Doktrin (f)	학설	hak-seol
Forschung (f)	연구	yeon-gu
forschen (vi)	연구하다	yeon-gu-ha-da
Kontrolle (f)	실험	sil-heom
Labor (n)	연구실	yeon-gu-sil
Methode (f)	방법	bang-beop
Molekül (n)	분자	bun-ja
Monitoring (n)	감시	gam-si
Entdeckung (f)	발견	bal-gyeon
Postulat (n)	공준	gong-jun
Prinzip (n)	원칙	won-chik
Prognose (f)	예상	ye-sang
prognostizieren (vt)	예상하다	ye-sang-ha-da
Synthese (f)	종합	jong-hap
Tendenz (f)	경향	gyeong-hyang
Theorem (n)	정리	jeong-ni
Lehre (Doktrin)	가르침	ga-reu-chim
Tatsache (f)	사실	sa-sil
Expedition (f)	탐험	tam-heom
Experiment (n)	실험	sil-heom
Akademiemitglied (n)	아카데미 회원	a-ka-de-mi hoe-won
Bachelor (m)	학사	hak-sa
Doktor (m)	박사	bak-sa
Dozent (m)	부교수	bu-gyo-su
Magister (m)	석사	seok-sa
Professor (m)	교수	gyo-su

Berufe und Tätigkeiten

85. Arbeitsuche. Kündigung

Deutsch	Koreanisch	Romanisierung
Arbeit (f), Stelle (f)	직업	ji-geop
Personal (n)	직원	ji-gwon
Karriere (f)	경력	gyeong-nyeok
Perspektive (f)	전망	jeon-mang
Können (n)	숙달	suk-dal
Auswahl (f)	선발	seon-bal
Personalagentur (f)	직업 소개소	ji-geop so-gae-so
Lebenslauf (m)	이력서	i-ryeok-seo
Vorstellungsgespräch (n)	면접	myeon-jeop
Vakanz (f)	결원	gyeo-rwon
Gehalt (n)	급여, 월급	geu-byeo, wol-geup
festes Gehalt (n)	고정급	go-jeong-geup
Arbeitslohn (m)	급료	geum-nyo
Stellung (f)	직위	ji-gwi
Pflicht (f)	의무	ui-mu
Aufgabenspektrum (n)	업무범위	eom-mu-beom-wi
beschäftigt	바쁜	ba-ppeun
kündigen (vt)	해고하다	hae-go-ha-da
Kündigung (f)	해고	hae-go
Arbeitslosigkeit (f)	실업	si-reop
Arbeitslose (m)	실업자	si-reop-ja
Rente (f), Ruhestand (m)	은퇴	eun-toe
in Rente gehen	은퇴하다	eun-toe-ha-da

86. Geschäftsleute

Deutsch	Koreanisch	Romanisierung
Direktor (m)	사장	sa-jang
Leiter (m)	지배인	ji-bae-in
Boss (m)	상사	sang-sa
Vorgesetzte (m)	상사	sang-sa
Vorgesetzten (pl)	상사	sang-sa
Präsident (m)	회장	hoe-jang
Vorsitzende (m)	의장	ui-jang
Stellvertreter (m)	부 ...	bu ...
Helfer (m)	조수	jo-su
Sekretär (m)	비서	bi-seo

Privatsekretär (m)	개인 비서	gae-in bi-seo
Geschäftsmann (m)	사업가	sa-eop-ga
Unternehmer (m)	사업가	sa-eop-ga
Gründer (m)	설립자	seol-lip-ja
gründen (vt)	설립하다	seol-li-pa-da

Gründungsmitglied (n)	설립자	seol-lip-ja
Partner (m)	파트너	pa-teu-neo
Aktionär (m)	주주	ju-ju

Millionär (m)	백만장자	baeng-man-jang-ja
Milliardär (m)	억만장자	eong-man-jang-ja
Besitzer (m)	소유자	so-yu-ja
Landbesitzer (m)	토지 소유자	to-ji so-yu-ja

Kunde (m)	고객	go-gaek
Stammkunde (m)	단골	dan-gol
Käufer (m)	구매자	gu-mae-ja
Besucher (m)	방문객	bang-mun-gaek

Fachmann (m)	전문가	jeon-mun-ga
Experte (m)	전문가	jeon-mun-ga
Spezialist (m)	전문가	jeon-mun-ga

| Bankier (m) | 은행가 | eun-haeng-ga |
| Makler (m) | 브로커 | beu-ro-keo |

Kassierer (m)	계산원	gye-san-won
Buchhalter (m)	회계사	hoe-gye-sa
Wächter (m)	보안요원	bo-a-nyo-won

Investor (m)	투자가	tu-ja-ga
Schuldner (m)	채무자	chae-mu-ja
Gläubiger (m)	빚쟁이	bit-jaeng-i
Kreditnehmer (m)	차용인	cha-yong-in

| Importeur (m) | 수입업자 | su-i-beop-ja |
| Exporteur (m) | 수출업자 | su-chu-reop-ja |

Hersteller (m)	생산자	saeng-san-ja
Distributor (m)	배급업자	bae-geu-beop-ja
Vermittler (m)	중간상인	jung-gan-sang-in

Berater (m)	컨설턴트	keon-seol-teon-teu
Vertreter (m)	판매 대리인	pan-mae dae-ri-in
Agent (m)	중개인	jung-gae-in
Versicherungsagent (m)	보험설계사	bo-heom-seol-gye-sa

87. Dienstleistungsberufe

Koch (m)	요리사	yo-ri-sa
Chefkoch (m)	주방장	ju-bang-jang
Bäcker (m)	제빵사	je-ppang-sa
Barmixer (m)	바텐더	ba-ten-deo

Kellner (m)	웨이터	we-i-teo
Kellnerin (f)	웨이트리스	we-i-teu-ri-seu
Rechtsanwalt (m)	변호사	byeon-ho-sa
Jurist (m)	법률고문	beom-nyul-go-mun
Notar (m)	공중인	gong-jeung-in
Elektriker (m)	전기 기사	jeon-gi gi-sa
Klempner (m)	배관공	bae-gwan-gong
Zimmermann (m)	목수	mok-su
Masseur (m)	안마사	an-ma-sa
Masseurin (f)	안마사	an-ma-sa
Arzt (m)	의사	ui-sa
Taxifahrer (m)	택시 운전 기사	taek-si un-jeon gi-sa
Fahrer (m)	운전 기사	un-jeon gi-sa
Ausfahrer (m)	배달원	bae-da-rwon
Zimmermädchen (n)	객실 청소부	gaek-sil cheong-so-bu
Wächter (m)	보안요원	bo-a-nyo-won
Flugbegleiterin (f)	승무원	seung-mu-won
Lehrer (m)	선생님	seon-saeng-nim
Bibliothekar (m)	사서	sa-seo
Übersetzer (m)	번역가	beo-nyeok-ga
Dolmetscher (m)	통역가	tong-yeok-ga
Fremdenführer (m)	가이드	ga-i-deu
Friseur (m)	미용사	mi-yong-sa
Briefträger (m)	우체부	u-che-bu
Verkäufer (m)	점원	jeom-won
Gärtner (m)	정원사	jeong-won-sa
Diener (m)	하인	ha-in
Magd (f)	하녀	ha-nyeo
Putzfrau (f)	청소부	cheong-so-bu

88. Militärdienst und Ränge

einfacher Soldat (m)	일병	il-byeong
Feldwebel (m)	병장	byeong-jang
Leutnant (m)	중위	jung-wi
Hauptmann (m)	대위	dae-wi
Major (m)	소령	so-ryeong
Oberst (m)	대령	dae-ryeong
General (m)	장군	jang-gun
Marschall (m)	원수	won-su
Admiral (m)	제독	je-dok
Militärperson (f)	군인	gun-in
Soldat (m)	군인	gun-in
Offizier (m)	장교	jang-gyo

Kommandeur (m)	사령관	sa-ryeong-gwan
Grenzsoldat (m)	국경 수비대원	guk-gyeong su-bi-dae-won
Funker (m)	무선 기사	mu-seon gi-sa
Aufklärer (m)	정찰병	jeong-chal-byeong
Pionier (m)	공병대원	gong-byeong-dae-won
Schütze (m)	사수	sa-su
Steuermann (m)	항법사	hang-beop-sa

89. Beamte. Priester

| König (m) | 왕 | wang |
| Königin (f) | 여왕 | yeo-wang |

| Prinz (m) | 왕자 | wang-ja |
| Prinzessin (f) | 공주 | gong-ju |

| Zar (m) | 차르 | cha-reu |
| Zarin (f) | 여황제 | yeo-hwang-je |

Präsident (m)	대통령	dae-tong-nyeong
Minister (m)	장관	jang-gwan
Ministerpräsident (m)	총리	chong-ni
Senator (m)	상원의원	sang-won-ui-won

Diplomat (m)	외교관	oe-gyo-gwan
Konsul (m)	영사	yeong-sa
Botschafter (m)	대사	dae-sa
Ratgeber (m)	고문관	go-mun-gwan

Beamte (m)	공무원	gong-mu-won
Präfekt (m)	도지사, 현감	do-ji-sa, hyeon-gam
Bürgermeister (m)	시장	si-jang

| Richter (m) | 판사 | pan-sa |
| Staatsanwalt (m) | 검사 | geom-sa |

Missionar (m)	선교사	seon-gyo-sa
Mönch (m)	수도사	su-do-sa
Abt (m)	수도원장	su-do-won-jang
Rabbiner (m)	랍비	rap-bi

Wesir (m)	고관	go-gwan
Schah (n)	샤	sya
Scheich (m)	셰이크	sye-i-keu

90. Landwirtschaftliche Berufe

Bienenzüchter (m)	양봉가	yang-bong-ga
Hirt (m)	목동	mok-dong
Agronom (m)	농학자	nong-hak-ja
Viehzüchter (m)	목축업자	mok-chu-geop-ja
Tierarzt (m)	수의사	su-ui-sa

Farmer (m)	농부	nong-bu
Winzer (m)	포도주 제조자	po-do-ju je-jo-ja
Zoologe (m)	동물학자	dong-mul-hak-ja
Cowboy (m)	카우보이	ka-u-bo-i

91. Künstler

| Schauspieler (m) | 배우 | bae-u |
| Schauspielerin (f) | 여배우 | yeo-bae-u |

| Sänger (m) | 가수 | ga-su |
| Sängerin (f) | 여가수 | yeo-ga-su |

| Tänzer (m) | 무용가 | mu-yong-ga |
| Tänzerin (f) | 여성 무용가 | yeo-seong mu-yong-ga |

| Künstler (m) | 공연자 | gong-yeon-ja |
| Künstlerin (f) | 여성 공연자 | yeo-seong gong-yeon-ja |

Musiker (m)	음악가	eum-ak-ga
Pianist (m)	피아니스트	pi-a-ni-seu-teu
Gitarrist (m)	기타 연주자	gi-ta yeon-ju-ja

Dirigent (m)	지휘자	ji-hwi-ja
Komponist (m)	작곡가	jak-gok-ga
Manager (m)	기획자	gi-hoek-ja

Regisseur (m)	영화감독	yeong-hwa-gam-dok
Produzent (m)	제작자	je-jak-ja
Drehbuchautor (m)	시나리오 작가	si-na-ri-o jak-ga
Kritikor (m)	미술 비평가	mi-sul bi-pyeong-ga

Schriftsteller (m)	작가	jak-ga
Dichter (m)	시인	si-in
Bildhauer (m)	조각가	jo-gak-ga
Maler (m)	화가	hwa-ga

Jongleur (m)	저글러	jeo-geul-leo
Clown (m)	어릿광대	eo-rit-gwang-dae
Akrobat (m)	곡예사	go-gye-sa
Zauberkünstler (m)	마술사	ma-sul-sa

92. Verschiedene Berufe

Arzt (m)	의사	ui-sa
Krankenschwester (f)	간호사	gan-ho-sa
Psychiater (m)	정신과 의사	jeong-sin-gwa ui-sa
Zahnarzt (m)	치과 의사	chi-gwa ui-sa
Chirurg (m)	외과 의사	oe-gwa ui-sa

| Astronaut (m) | 우주비행사 | u-ju-bi-haeng-sa |
| Astronom (m) | 천문학자 | cheon-mun-hak-ja |

Fahrer (Taxi-)	운전 기사	un-jeon gi-sa
Lokomotivführer (m)	기관사	gi-gwan-sa
Mechaniker (m)	정비공	jeong-bi-gong
Bergarbeiter (m)	광부	gwang-bu
Arbeiter (m)	노동자	no-dong-ja
Schlosser (m)	자물쇠공	ja-mul-soe-gong
Tischler (m)	목수	mok-su
Dreher (m)	선반공	seon-ban-gong
Bauarbeiter (m)	공사장 인부	gong-sa-jang in-bu
Schweißer (m)	용접공	yong-jeop-gong
Professor (m)	교수	gyo-su
Architekt (m)	건축가	geon-chuk-ga
Historiker (m)	역사학자	yeok-sa-hak-ja
Wissenschaftler (m)	과학자	gwa-hak-ja
Physiker (m)	물리학자	mul-li-hak-ja
Chemiker (m)	화학자	hwa-hak-ja
Archäologe (m)	고고학자	go-go-hak-ja
Geologe (m)	지질학자	ji-jil-hak-ja
Forscher (m)	연구원	yeon-gu-won
Kinderfrau (f)	애기보는 사람	ae-gi-bo-neun sa-ram
Lehrer (m)	교사	gyo-sa
Redakteur (m)	편집자	pyeon-jip-ja
Chefredakteur (m)	편집장	pyeon-jip-jang
Korrespondent (m)	통신원	tong-sin-won
Schreibkraft (f)	타이피스트	ta-i-pi-seu-teu
Designer (m)	디자이너	di-ja-i-neo
Computerspezialist (m)	컴퓨터 전문가	keom-pyu-teo jeon-mun-ga
Programmierer (m)	프로그래머	peu-ro-geu-rae-meo
Ingenieur (m)	엔지니어	en-ji-ni-eo
Seemann (m)	선원	seon-won
Matrose (m)	수부	su-bu
Retter (m)	구조자	gu-jo-ja
Feuerwehrmann (m)	소방관	so-bang-gwan
Polizist (m)	경찰관	gyeong-chal-gwan
Nachtwächter (m)	경비원	gyeong-bi-won
Detektiv (m)	형사	hyeong-sa
Zollbeamter (m)	세관원	se-gwan-won
Leibwächter (m)	경호원	gyeong-ho-won
Gefängniswärter (m)	간수	gan-su
Inspektor (m)	감독관	gam-dok-gwan
Sportler (m)	스포츠맨	seu-po-cheu-maen
Trainer (m)	코치	ko-chi
Fleischer (m)	정육점 주인	jeong-yuk-jeom ju-in
Schuster (m)	구둣방	gu-dut-bang
Geschäftsmann (m)	상인	sang-in
Ladearbeiter (m)	하역부	ha-yeok-bu

| Modedesigner (m) | 패션 디자이너 | pae-syeon di-ja-i-neo |
| Modell (n) | 모델 | mo-del |

93. Beschäftigung. Sozialstatus

| Schüler (m) | 남학생 | nam-hak-saeng |
| Student (m) | 대학생 | dae-hak-saeng |

Philosoph (m)	철학자	cheol-hak-ja
Ökonom (m)	경제 학자	gyeong-je hak-ja
Erfinder (m)	발명가	bal-myeong-ga

Arbeitslose (m)	실업자	si-reop-ja
Rentner (m)	은퇴자	eun-toe-ja
Spion (m)	비밀요원	bi-mi-ryo-won

Gefangene (m)	죄수	joe-su
Streikender (m)	파업자	pa-eop-ja
Bürokrat (m)	관료	gwal-lyo
Reisende (m)	여행자	yeo-haeng-ja

| Homosexuelle (m) | 동성애자 | dong-seong-ae-ja |
| Hacker (m) | 해커 | hae-keo |

Bandit (m)	산적	san-jeok
Killer (m)	살인 청부업자	sa-rin cheong-bu-eop-ja
Drogenabhängiger (m)	마약 중독자	ma-yak jung-dok-ja
Drogenhändler (m)	마약 딜매자	ma-yak mil-mae-ja
Prostituierte (f)	매춘부	mae-chun-bu
Zuhälter (m)	포주	po-ju

Zauberer (m)	마법사	ma-beop-sa
Zauberin (f)	여자 마법사	yeo-ja ma-beop-sa
Seeräuber (m)	해적	hae-jeok
Sklave (m)	노예	no-ye
Samurai (m)	사무라이	sa-mu-ra-i
Wilde (m)	야만인	ya-man-in

Ausbildung

94. Schule

Schule (f)	학교	hak-gyo
Schulleiter (m)	교장	gyo-jang
Schüler (m)	남학생	nam-hak-saeng
Schülerin (f)	여학생	yeo-hak-saeng
Schuljunge (m)	남학생	nam-hak-saeng
Schulmädchen (f)	여학생	yeo-hak-saeng
lehren (vt)	가르치다	ga-reu-chi-da
lernen (Englisch ~)	배우다	bae-u-da
auswendig lernen	암기하다	am-gi-ha-da
lernen (vi)	배우다	bae-u-da
in der Schule sein	재학 중이다	jae-hak jung-i-da
die Schule besuchen	학교에 가다	hak-gyo-e ga-da
Alphabet (n)	알파벳	al-pa-bet
Fach (n)	과목	gwa-mok
Klassenraum (m)	교실	gyo-sil
Stunde (f)	수업	su-eop
Pause (f)	쉬는 시간	swi-neun si-gan
Schulglocke (f)	수업종	su-eop-jong
Schulbank (f)	학교 책상	hak-gyo chaek-sang
Tafel (f)	칠판	chil-pan
Note (f)	성적	seong-jeok
gute Note (f)	좋은 성적	jo-eun seong-jeok
schlechte Note (f)	나쁜 성적	na-ppeun seong-jeok
eine Note geben	성적을 매기다	seong-jeo-geul mae-gi-da
Fehler (m)	실수	sil-su
Fehler machen	실수하다	sil-su-ha-da
korrigieren (vt)	고치다	go-chi-da
Spickzettel (m)	커닝 페이퍼	keo-ning pe-i-peo
Hausaufgabe (f)	숙제	suk-je
Übung (f)	연습 문제	yeon-seup mun-je
anwesend sein	출석하다	chul-seok-a-da
fehlen (in der Schule ~)	결석하다	gyeol-seok-a-da
bestrafen (vt)	처벌하다	cheo-beol-ha-da
Strafe (f)	벌	beol
Benehmen (n)	처신	cheo-sin
Zeugnis (n)	성적표	seong-jeok-pyo

Bleistift (m)	연필	yeon-pil
Radiergummi (m)	지우개	ji-u-gae
Kreide (f)	분필	bun-pil
Federkasten (m)	필통	pil-tong
Schulranzen (m)	책가방	chaek-ga-bang
Kugelschreiber, Stift (m)	펜	pen
Heft (n)	노트	no-teu
Lehrbuch (n)	교과서	gyo-gwa-seo
Zirkel (m)	컴퍼스	keom-peo-seu
zeichnen (vt)	제도하다	je-do-ha-da
Zeichnung (f)	건축 도면	geon-chuk do-myeon
Gedicht (n)	시	si
auswendig (Adv)	외워서	oe-wo-seo
auswendig lernen	암기하다	am-gi-ha-da
Ferien (pl)	학교 방학	bang-hak
in den Ferien sein	방학 중이다	bang-hak jung-i-da
Test (m), Prüfung (f)	필기 시험	pil-gi si-heom
Aufsatz (m)	논술	non-sul
Diktat (n)	받아쓰기 시험	ba-da-sseu-gi si-heom
Prüfung (f)	시험	si-heom
Prüfungen ablegen	시험을 보다	si-heo-meul bo-da
Experiment (n)	실험	sil-heom

95. Hochschule. Universität

Akademie (f)	아카데미	a-ka-de-mi
Universität (f)	대학교	dae-hak-gyo
Fakultät (f)	교수진	gyo-su-jin
Student (m)	대학생	dae-hak-saeng
Studentin (f)	여대생	yeo-dae-saeng
Lehrer (m)	강사	gang-sa
Hörsaal (m)	교실	gyo-sil
Hochschulabsolvent (m)	졸업생	jo-reop-saeng
Diplom (n)	졸업증	jo-reop-jeung
Dissertation (f)	학위 논문	ha-gwi non-mun
Forschung (f)	연구	yeon-gu
Labor (n)	연구실	yeon-gu-sil
Vorlesung (f)	강의	gang-ui
Kommilitone (m)	대학 동급생	dae-hak dong-geup-saeng
Stipendium (n)	장학금	jang-hak-geum
akademischer Grad (m)	학위	ha-gwi

96. Naturwissenschaften. Fächer

Mathematik (f)	수학	su-hak
Algebra (f)	대수학	dae-su-hak
Geometrie (f)	기하학	gi-ha-hak
Astronomie (f)	천문학	cheon-mun-hak
Biologie (f)	생물학	saeng-mul-hak
Erdkunde (f)	지리학	ji-ri-hak
Geologie (f)	지질학	ji-jil-hak
Geschichte (f)	역사학	yeok-sa-hak
Medizin (f)	의학	ui-hak
Pädagogik (f)	교육학	gyo-yuk-ak
Recht (n)	법학	beo-pak
Physik (f)	물리학	mul-li-hak
Chemie (f)	화학	hwa-hak
Philosophie (f)	철학	cheol-hak
Psychologie (f)	심리학	sim-ni-hak

97. Schrift Rechtschreibung

Grammatik (f)	문법	mun-beop
Lexik (f)	어휘	eo-hwi
Phonetik (f)	음성학	eum-seong-hak
Substantiv (n)	명사	myeong-sa
Adjektiv (n)	형용사	hyeong-yong-sa
Verb (n)	동사	dong-sa
Adverb (n)	부사	bu-sa
Pronomen (n)	대명사	dae-myeong-sa
Interjektion (f)	감탄사	gam-tan-sa
Präposition (f)	전치사	jeon-chi-sa
Wurzel (f)	어근	eo-geun
Endung (f)	어미	eo-mi
Vorsilbe (f)	접두사	jeop-du-sa
Silbe (f)	음절	eum-jeol
Suffix (n), Nachsilbe (f)	접미사	jeom-mi-sa
Betonung (f)	강세	gang-se
Apostroph (m)	아포스트로피	a-po-seu-teu-ro-pi
Punkt (m)	마침표	ma-chim-pyo
Komma (n)	쉼표	swim-pyo
Semikolon (n)	세미콜론	se-mi-kol-lon
Doppelpunkt (m)	콜론	kol-lon
Auslassungspunkte (pl)	말줄임표	mal-ju-rim-pyo
Fragezeichen (n)	물음표	mu-reum-pyo
Ausrufezeichen (n)	느낌표	neu-kkim-pyo

Anführungszeichen (pl)	따옴표	tta-om-pyo
in Anführungszeichen	따옴표 안에	tta-om-pyo a-ne
runde Klammern (pl)	괄호	gwal-ho
in Klammern	괄호 속에	gwal-ho so-ge
Bindestrich (m)	하이픈	ha-i-peun
Gedankenstrich (m)	대시	jul-pyo
Leerzeichen (n)	공백 문자	gong-baek mun-ja
Buchstabe (m)	글자	geul-ja
Großbuchstabe (m)	대문자	dae-mun-ja
Vokal (m)	모음	mo-eum
Konsonant (m)	자음	ja-eum
Satz (m)	문장	mun-jang
Subjekt (n)	주어	ju-eo
Prädikat (n)	서술어	seo-su-reo
Zeile (f)	줄	jul
in einer neuen Zeile	줄을 바꾸어	ju-reul ba-kku-eo
Absatz (m)	단락	dal-lak
Wort (n)	단어	dan-eo
Wortverbindung (f)	문구	mun-gu
Redensart (f)	표현	pyo-hyeon
Synonym (n)	동의어	dong-ui-eo
Antonym (n)	반의어	ban-ui-eo
Regel (f)	규칙	gyu-chik
Ausnahme (f)	예외	ye-oe
richtig (Adj)	맞는	man-neun
Konjugation (f)	활용	hwa-ryong
Deklination (f)	어형 변화	eo-hyeong byeon-hwa
Kasus (m)	격	gyeok
Frage (f)	질문	jil-mun
unterstreichen (vt)	밑줄을 긋다	mit-ju-reul geut-da
punktierte Linie (f)	점선	jeom-seon

98. Fremdsprachen

Sprache (f)	언어	eon-eo
Fremdsprache (f)	외국어	oe-gu-geo
studieren (z.B. Jura ~)	공부하다	gong-bu-ha-da
lernen (Englisch ~)	배우다	bae-u-da
lesen (vi, vt)	읽다	ik-da
sprechen (vi, vt)	말하다	mal-ha-da
verstehen (vt)	이해하다	i-hae-ha-da
schreiben (vi, vt)	쓰다	sseu-da
schnell (Adv)	빨리	ppal-li
langsam (Adv)	천천히	cheon-cheon-hi

fließend (Adv)	유창하게	yu-chang-ha-ge
Regeln (pl)	규칙	gyu-chik
Grammatik (f)	문법	mun-beop
Vokabular (n)	어휘	eo-hwi
Phonetik (f)	음성학	eum-seong-hak
Lehrbuch (n)	교과서	gyo-gwa-seo
Wörterbuch (n)	사전	sa-jeon
Selbstlernbuch (n)	자습서	ja-seup-seo
Sprachführer (m)	회화집	hoe-hwa-jip
Kassette (f)	테이프	te-i-peu
Videokassette (f)	비디오테이프	bi-di-o-te-i-peu
CD (f)	씨디	ssi-di
DVD (f)	디비디	di-bi-di
Alphabet (n)	알파벳	al-pa-bet
buchstabieren (vt)	… 의 철자이다	… ui cheol-ja-i-da
Aussprache (f)	발음	ba-reum
Akzent (m)	악센트	ak-sen-teu
mit Akzent	사투리로	sa-tu-ri-ro
ohne Akzent	억양 없이	eo-gyang eop-si
Wort (n)	단어	dan-eo
Bedeutung (f)	의미	ui-mi
Kurse (pl)	강좌	gang-jwa
sich einschreiben	등록하다	deung-nok-a-da
Lehrer (m)	강사	gang-sa
Übertragung (f)	번역	beo-nyeok
Übersetzung (f)	번역	beo-nyeok
Übersetzer (m)	번역가	beo-nyeok-ga
Dolmetscher (m)	통역가	tong-yeok-ga
Polyglott (m, f)	수개 국어를 말하는 사람	su-gae gu-geo-reul mal-ha-neun sa-ram
Gedächtnis (n)	기억력	gi-eong-nyeok

Erholung. Unterhaltung. Reisen

99. Ausflug. Reisen

Deutsch	Koreanisch	Romanisierung
Tourismus (m)	관광	gwan-gwang
Tourist (m)	관광객	gwan-gwang-gaek
Reise (f)	여행	yeo-haeng
Abenteuer (n)	모험	mo-heom
Fahrt (f)	여행	yeo-haeng
Urlaub (m)	휴가	hyu-ga
auf Urlaub sein	휴가 중이다	hyu-ga jung-i-da
Erholung (f)	휴양	hyu-yang
Zug (m)	기차	gi-cha
mit dem Zug	기차로	gi-cha-ro
Flugzeug (n)	비행기	bi-haeng-gi
mit dem Flugzeug	비행기로	bi-haeng-gi-ro
mit dem Auto	자동차로	ja-dong-cha-ro
mit dem Schiff	배로	bae-ro
Gepäck (n)	짐, 수하물	jim, su-ha-mul
Koffer (m)	여행 가방	yeo-haeng ga-bang
Gepäckwagen (m)	수하물 카트	su-ha-mul ka-teu
Pass (m)	여권	yeo-gwon
Visum (n)	비자	bi-ja
Fahrkarte (f)	표	pyo
Flugticket (n)	비행기표	bi-haeng-gi-pyo
Reiseführer (m)	여행 안내서	yeo-haeng an-nae-seo
Landkarte (f)	지도	ji-do
Gegend (f)	지역	ji-yeok
Ort (wunderbarer ~)	곳	got
Exotika (pl)	이국	i-guk
exotisch	이국적인	i-guk-jeo-gin
erstaunlich (Adj)	놀라운	nol-la-un
Gruppe (f)	무리	mu-ri
Ausflug (m)	견학, 관광	gyeon-hak, gwan-gwang
Reiseleiter (m)	가이드	ga-i-deu

100. Hotel

Deutsch	Koreanisch	Romanisierung
Hotel (n), Gasthaus (n)	호텔	ho-tel
Motel (n)	모텔	mo-tel
drei Sterne	3성급	sam-seong-geub

Deutsch	한국어	Romanisierung
fünf Sterne	5성급	o-seong-geub
absteigen (vi)	머무르다	meo-mu-reu-da
Hotelzimmer (n)	객실	gaek-sil
Einzelzimmer (n)	일인실	i-rin-sil
Zweibettzimmer (n)	더블룸	deo-beul-lum
reservieren (vt)	방을 예약하다	bang-eul rye-yak-a-da
Halbpension (f)	하숙	ha-suk
Vollpension (f)	식사 제공	sik-sa je-gong
mit Bad	욕조가 있는	yok-jo-ga in-neun
mit Dusche	샤워가 있는	sya-wo-ga in-neun
Satellitenfernsehen (n)	위성 텔레비전	wi-seong tel-le-bi-jeon
Klimaanlage (f)	에어컨	e-eo-keon
Handtuch (n)	수건	su-geon
Schlüssel (m)	열쇠	yeol-soe
Verwalter (m)	관리자	gwal-li-ja
Zimmermädchen (n)	객실 청소부	gaek-sil cheong-so-bu
Träger (m)	포터	po-teo
Portier (m)	도어맨	do-eo-maen
Restaurant (n)	레스토랑	re-seu-to-rang
Bar (f)	바	ba
Frühstück (n)	아침식사	a-chim-sik-sa
Abendessen (n)	저녁식사	jeo-nyeok-sik-sa
Buffet (n)	뷔페	bwi-pe
Foyer (n)	로비	ro-bi
Aufzug (m), Fahrstuhl (m)	엘리베이터	el-li-be-i-teo
BITTE NICHT STÖREN!	방해하지 마세요	bang-hae-ha-ji ma-se-yo
RAUCHEN VERBOTEN!	금연	geu-myeon

TECHNISCHES ZUBEHÖR. TRANSPORT

Technisches Zubehör

101. Computer

Computer (m)	컴퓨터	keom-pyu-teo
Laptop (m), Notebook (n)	노트북	no-teu-buk
einschalten (vt)	켜다	kyeo-da
abstellen (vt)	끄다	kkeu-da
Tastatur (f)	키보드	ki-bo-deu
Taste (f)	키	ki
Maus (f)	마우스	ma-u-seu
Mousepad (n)	마우스 패드	ma-u-seu pae-deu
Knopf (m)	버튼	beo-teun
Cursor (m)	커서	keo-seo
Monitor (m)	모니터	mo-ni-teo
Schirm (m)	화면, 스크린	hwa-myeon
Festplatte (f)	하드 디스크	ha-deu di-seu-keu
Festplattengröße (f)	하드 디스크 용량	ha-deu di-seu-keu yong-nyang
Speicher (m)	메모리	me-mo-ri
Arbeitsspeicher (m)	램	raem
Datei (f)	파일	pa-il
Ordner (m)	폴더	pol-deo
öffnen (vt)	열다	yeol-da
schließen (vt)	닫다	dat-da
speichern (vt)	저장하다	jeo-jang-ha-da
löschen (vt)	삭제하다	sak-je-ha-da
kopieren (vt)	복사하다	bok-sa-ha-da
sortieren (vt)	정렬하다	jeong-nyeol-ha-da
transferieren (vt)	전송하다	jeon-song-ha-da
Programm (n)	프로그램	peu-ro-geu-raem
Software (f)	소프트웨어	so-peu-teu-we-eo
Programmierer (m)	프로그래머	peu-ro-geu-rae-meo
programmieren (vt)	프로그램을 작성하다	peu-ro-geu-rae-meul jak-seong-ha-da
Hacker (m)	해커	hae-keo
Kennwort (n)	비밀번호	bi-mil-beon-ho
Virus (m, n)	바이러스	ba-i-reo-seu

entdecken (vt)	발견하다	bal-gyeon-ha-da
Byte (n)	바이트	ba-i-teu
Megabyte (n)	메가바이트	me-ga-ba-i-teu
Daten (pl)	데이터	de-i-teo
Datenbank (f)	데이터베이스	de-i-teo-be-i-seu
Kabel (n)	케이블	ke-i-beul
trennen (vt)	연결해제하다	yeon-gyeol-hae-je-ha-da
anschließen (vt)	연결하다	yeon-gyeol-ha-da

102. Internet. E-Mail

Internet (n)	인터넷	in-teo-net
Browser (m)	브라우저	beu-ra-u-jeo
Suchmaschine (f)	검색 엔진	geom-saek gen-jin
Provider (m)	인터넷 서비스 제공자	in-teo-net seo-bi-seu je-gong-ja

Webmaster (m)	웹마스터	wem-ma-seu-teo
Website (f)	웹사이트	wep-sa-i-teu
Webseite (f)	웹페이지	wep-pe-i-ji

| Adresse (f) | 주소 | ju-so |
| Adressbuch (n) | 주소록 | ju-so-rok |

| Mailbox (f) | 우편함 | u-pyeon-ham |
| Post (f) | 메일 | me-il |

Mitteilung (f)	메시지	me-si-ji
Absender (m)	발송인	bal-song-in
senden (vt)	보내다	bo-nae-da
Absendung (f)	발송	bal-song
Empfänger (m)	수신인	su-sin-in
empfangen (vt)	받다	bat-da

| Briefwechsel (m) | 서신 교환 | seo-sin gyo-hwan |
| im Briefwechsel stehen | 편지를 주고 받다 | pyeon-ji-reul ju-go bat-da |

Datei (f)	파일	pa-il
herunterladen (vt)	다운받다	da-un-bat-da
schaffen (vt)	창조하다	chang-jo-ha-da
löschen (vt)	삭제하다	sak-je-ha-da
gelöscht (Datei)	삭제된	sak-je-doen

Verbindung (f)	연결	yeon-gyeol
Geschwindigkeit (f)	속도	sok-do
Zugang (m)	접속	jeop-sok
Port (m)	포트	po-teu

Anschluss (m)	연결	yeon-gyeol
sich anschließen	… 에 연결하다	… e yeon-gyeol-ha-da
auswählen (vt)	선택하다	seon-taek-a-da
suchen (vt)	… 를 검색하다	… reul geom-saek-a-da

103. Elektrizität

Elektrizität (f)	전기	jeon-gi
elektrisch	전기의	jeon-gi-ui
Elektrizitätswerk (n)	발전소	bal-jeon-so
Energie (f)	에너지	e-neo-ji
Strom (m)	전력	jeol-lyeok
Glühbirne (f)	전구	jeon-gu
Taschenlampe (f)	손전등	son-jeon-deung
Straßenlaterne (f)	가로등	ga-ro-deung
Licht (n)	전깃불	jeon-git-bul
einschalten (vt)	켜다	kyeo-da
ausschalten (vt)	끄다	kkeu-da
das Licht ausschalten	불을 끄다	bu-reul kkeu-da
durchbrennen (vi)	끊어지다	kkeu-neo-ji-da
Kurzschluss (m)	쇼트	syo-teu
Riß (m)	절단	jeol-dan
Kontakt (m)	접촉	jeop-chok
Schalter (m)	스위치	seu-wi-chi
Steckdose (f)	소켓	so-ket
Stecker (m)	플러그	peul-leo-geu
Verlängerung (f)	연장 코드	yeon-jang ko-deu
Sicherung (f)	퓨즈	pyu-jeu
Leitungsdraht (m)	전선	jeon-seon
Verdrahtung (f)	배선	bae-seon
Ampere (u)	암페어	am-pe-eo
Stromstärke (f)	암페어수	am-pe-eo-su
Volt (n)	볼트	bol-teu
Voltspannung (f)	전압	jeon-ap
Elektrogerät (n)	전기기구	jeon-gi-gi-gu
Indikator (m)	센서	sen-seo
Elektriker (m)	전기 기사	jeon-gi gi-sa
löten (vt)	납땜하다	nap-ttaem-ha-da
Lötkolben (m)	납땜인두	nap-ttaem-in-du
Strom (m)	전류	jeol-lyu

104. Werkzeug

Werkzeug (n)	공구	gong-gu
Werkzeuge (pl)	공구	gong-gu
Ausrüstung (f)	장비	jang-bi
Hammer (m)	망치	mang-chi
Schraubenzieher (m)	나사돌리개	na-sa-dol-li-gae
Axt (f)	도끼	do-kki

Säge (f)	톱	top
sägen (vt)	톱을 켜다	to-beul kyeo-da
Hobel (m)	대패	dae-pae
hobeln (vt)	대패질하다	dae-pae-jil-ha-da
Lötkolben (m)	납땜인두	nap-ttaem-in-du
löten (vt)	납땜하다	nap-ttaem-ha-da
Feile (f)	줄	jul
Kneifzange (f)	집게	jip-ge
Flachzange (f)	펜치	pen-chi
Stemmeisen (n)	끌	kkeul
Bohrer (m)	드릴 비트	deu-ril bi-teu
Bohrmaschine (f)	전동 드릴	jeon-dong deu-ril
bohren (vt)	뚫다	ttul-ta
Messer (n)	칼, 나이프	kal, na-i-peu
Klinge (f)	칼날	kal-lal
scharf (-e Messer usw.)	날카로운	nal-ka-ro-un
stumpf	무딘	mu-din
stumpf werden (vi)	무뎌지다	mu-dyeo-ji-da
schärfen (vt)	갈다	gal-da
Bolzen (m)	볼트	bol-teu
Mutter (f)	너트	neo-teu
Gewinde (n)	나사산	na-sa-san
Holzschraube (f)	나사못	na-sa-mot
Nagel (m)	못	mot
Nagelkopf (m)	못대가리	mot-dae-ga-ri
Lineal (n)	자	ja
Metermaß (n)	줄자	jul-ja
Wasserwaage (f)	수준기	su-jun-gi
Lupe (f)	돋보기	dot-bo-gi
Messinstrument (n)	계측기	gye-cheuk-gi
messen (vt)	측정하다	cheuk-jeong-ha-da
Skala (f)	눈금	nun-geum
Ablesung (f)	판독값	pan-dok-gap
Kompressor (m)	컴프레서	keom-peu-re-seo
Mikroskop (n)	현미경	hyeon-mi-gyeong
Pumpe (f)	펌프	peom-peu
Roboter (m)	로봇	ro-bot
Laser (m)	레이저	re-i-jeo
Schraubenschlüssel (m)	스패너	seu-pae-neo
Klebeband (n)	스카치 테이프	seu-ka-chi te-i-peu
Klebstoff (m)	접착제	jeop-chak-je
Sandpapier (n)	사포	sa-po
Magnet (m)	자석	ja-seok
Handschuhe (pl)	장갑	jang-gap

Leine (f)	밧줄	bat-jul
Schnur (f)	끈	kkeun
Draht (m)	전선	jeon-seon
Kabel (n)	케이블	ke-i-beul
schwerer Hammer (m)	슬레지해머	seul-le-ji-hae-meo
Brecheisen (n)	쇠지레	soe-ji-re
Leiter (f)	사다리	sa-da-ri
Trittleiter (f)	접사다리	jeop-sa-da-ri
zudrehen (vt)	돌려서 조이다	dol-lyeo-seo jo-i-da
abdrehen (vt)	열리다	yeol-li-da
zusammendrücken (vt)	조이다	jo-i-da
ankleben (vt)	붙이다	bu-chi-da
schneiden (vt)	자르다	ja-reu-da
Störung (f)	고장	go-jang
Reparatur (f)	수리	su-ri
reparieren (vt)	보수하다	bo-su-ha-da
einstellen (vt)	조절하다	jo-jeol-ha-da
prüfen (vt)	확인하다	hwa-gin-ha-da
Prüfung (f)	확인	hwa-gin
Ablesung (f)	판독값	pan-dok-gap
sicher (zuverlässigen)	믿을 만한	mi-deul man-han
kompliziert (Adj)	복잡한	bok-ja-pan
verrosten (vi)	녹이 슬다	no-gi seul-da
rostig	녹이 슨	no-gi seun
Rost (m)	녹	nok

Transport

105. Flugzeug

Deutsch	Koreanisch	Romanisierung
Flugzeug (n)	비행기	bi-haeng-gi
Flugticket (n)	비행기표	bi-haeng-gi-pyo
Fluggesellschaft (f)	항공사	hang-gong-sa
Flughafen (m)	공항	gong-hang
Überschall-	초음속의	cho-eum-so-gui
Pilot (m)	비행사	bi-haeng-sa
Flugbegleiterin (f)	승무원	seung-mu-won
Steuermann (m)	항법사	hang-beop-sa
Flügel (pl)	날개	nal-gae
Schwanz (m)	꼬리	kko-ri
Kabine (f)	조종석	jo-jong-seok
Motor (m)	엔진	en-jin
Fahrgestell (n)	착륙 장치	chang-nyuk jang-chi
Turbine (f)	터빈	teo-bin
Propeller (m)	추진기	chu-jin-gi
Flugschreiber (m)	블랙박스	beul-laek-bak-seu
Steuerrad (n)	조종간	jo-jong-gan
Treibstoff (m)	연료	yeol-lyo
Sicherheitskarte (f)	안전 안내서	an-jeon an-nae-seo
Sauerstoffmaske (f)	산소 마스크	san-so ma-seu-keu
Uniform (f)	제복	je-bok
Rettungsweste (f)	구명조끼	gu-myeong-jo-kki
Fallschirm (m)	낙하산	nak-a-san
Abflug, Start (m)	이륙	i-ryuk
starten (vi)	이륙하다	i-ryuk-a-da
Startbahn (f)	활주로	hwal-ju-ro
Sicht (f)	시계	si-gye
Flug (m)	비행	bi-haeng
Höhe (f)	고도	go-do
Luftloch (n)	에어 포켓	e-eo po-ket
Platz (m)	자리	ja-ri
Kopfhörer (m)	헤드폰	he-deu-pon
Klapptisch (m)	접는 테이블	jeom-neun te-i-beul
Bullauge (n)	창문	chang-mun
Durchgang (m)	통로	tong-no

106. Zug

Deutsch	Koreanisch	Romanisierung
Zug (m)	기차, 열차	gi-cha, nyeol-cha
elektrischer Zug (m)	통근 열차	tong-geun nyeol-cha
Schnellzug (m)	급행 열차	geu-paeng yeol-cha
Diesellok (f)	디젤 기관차	di-jel gi-gwan-cha
Dampflok (f)	증기 기관차	jeung-gi gi-gwan-cha
Personenwagen (m)	객차	gaek-cha
Speisewagen (m)	식당차	sik-dang-cha
Schienen (pl)	레일	re-il
Eisenbahn (f)	철도	cheol-do
Bahnschwelle (f)	침목	chim-mok
Bahnsteig (m)	플랫폼	peul-laet-pom
Gleis (n)	길	gil
Eisenbahnsignal (n)	신호기	sin-ho-gi
Station (f)	역	yeok
Lokomotivführer (m)	기관사	gi-gwan-sa
Träger (m)	포터	po-teo
Schaffner (m)	차장	cha-jang
Fahrgast (m)	승객	seung-gaek
Fahrkartenkontrolleur (m)	검표원	geom-pyo-won
Flur (m)	통로	tong-no
Notbremse (f)	비상 브레이크	bi-sang beu-re-i-keu
Abteil (n)	침대차	chim-dae-cha
Liegeplatz (m), Schlafkoje (f)	침대	chim-dae
oberer Liegeplatz (m)	윗침대	wit-chim-dae
unterer Liegeplatz (m)	아래 침대	a-rae chim-dae
Bettwäsche (f)	침구	chim-gu
Fahrkarte (f)	표	pyo
Fahrplan (m)	시간표	si-gan-pyo
Anzeigetafel (f)	안내 전광판	an-nae jeon-gwang-pan
abfahren (der Zug)	떠난다	tteo-na-da
Abfahrt (f)	출발	chul-bal
ankommen (der Zug)	도착하다	do-chak-a-da
Ankunft (f)	도착	do-chak
mit dem Zug kommen	기차로 도착하다	gi-cha-ro do-chak-a-da
in den Zug einsteigen	기차에 타다	gi-cha-e ta-da
aus dem Zug aussteigen	기차에서 내리다	gi-cha-e-seo nae-ri-da
Zugunglück (n)	기차 사고	gi-cha sa-go
Dampflok (f)	증기 기관차	jeung-gi gi-gwan-cha
Heizer (m)	화부	hwa-bu
Feuerbüchse (f)	화실	hwa-sil
Kohle (f)	석탄	seok-tan

107. Schiff

Deutsch	Koreanisch	Romanisierung
Schiff (n)	배	bae
Fahrzeug (n)	배	bae
Dampfer (m)	증기선	jeung-gi-seon
Motorschiff (n)	강배	gang-bae
Kreuzfahrtschiff (n)	크루즈선	keu-ru-jeu-seon
Kreuzer (m)	순양함	su-nyang-ham
Jacht (f)	요트	yo-teu
Schlepper (m)	예인선	ye-in-seon
Segelschiff (n)	범선	beom-seon
Brigantine (f)	쌍돛대 범선	ssang-dot-dae beom-seon
Eisbrecher (m)	쇄빙선	swae-bing-seon
U-Boot (n)	잠수함	jam-su-ham
Boot (n)	보트	bo-teu
Dingi (n), Beiboot (n)	종선	jong-seon
Rettungsboot (n)	구조선	gu-jo-seon
Motorboot (n)	모터보트	mo-teo-bo-teu
Kapitän (m)	선장	seon-jang
Matrose (m)	수부	su-bu
Seemann (m)	선원	seon-won
Besatzung (f)	승무원	seung-mu-won
Bootsmann (m)	갑판장	gap-pan-jang
Schiffskoch (m)	요리사	yo-ri-sa
Schiffsarzt (m)	선의	seon-ui
Deck (n)	갑판	gap-pan
Mast (m)	돛대	dot-dae
Segel (n)	돛	dot
Schiffsraum (m)	화물칸	hwa-mul-kan
Bug (m)	이물	i-mul
Heck (n)	고물	go-mul
Ruder (n)	노	no
Schraube (f)	스크루	seu-keu-ru
Kajüte (f)	선실	seon-sil
Messe (f)	사관실	sa-gwan-sil
Maschinenraum (m)	엔진실	en-jin-sil
Funkraum (m)	무전실	mu-jeon-sil
Radiowelle (f)	전파	jeon-pa
Fernrohr (n)	망원경	mang-won-gyeong
Glocke (f)	종	jong
Fahne (f)	기	gi
Seil (n)	밧줄	bat-jul
Knoten (m)	매듭	mae-deup

Geländer (n)	난간	nan-gan
Treppe (f)	사다리	sa-da-ri
Anker (m)	닻	dat
den Anker lichten	닻을 올리다	da-cheul rol-li-da
Anker werfen	닻을 내리다	da-cheul lae-ri-da
Ankerkette (f)	닻줄	dat-jul
Hafen (m)	항구	hang-gu
Anlegestelle (f)	부두	bu-du
anlegen (vi)	정박시키다	jeong-bak-si-ki-da
abstoßen (vt)	출항하다	chul-hang-ha-da
Reise (f)	여행	yeo-haeng
Kreuzfahrt (f)	크루즈	keu-ru-jeu
Kurs (m), Richtung (f)	항로	hang-no
Reiseroute (f)	노선	no-seon
Fahrwasser (n)	항로	hang-no
Untiefe (f)	얕은 곳	ya-teun got
stranden (vi)	좌초하다	jwa-cho-ha-da
Sturm (m)	폭풍우	pok-pung-u
Signal (n)	신호	sin-ho
untergehen (vi)	가라앉다	ga-ra-an-da
SOS	조난 신호	jo-nan sin-ho
Rettungsring (m)	구명부환	gu-myeong-bu-hwan

108. Flughafen

Flughafen (m)	공항	gong hang
Flugzeug (n)	비행기	bi-haeng-gi
Fluggesellschaft (f)	항공사	hang-gong-sa
Fluglotse (m)	관제사	gwan-je-sa
Abflug (m)	출발	chul-bal
Ankunft (f)	도착	do-chak
anfliegen (vi)	도착하다	do-chak-a-da
Abflugzeit (f)	출발시간	chul-bal-si-gan
Ankunftszeit (f)	도착시간	do-chak-si-gan
sich verspäten	연기되다	yeon-gi-doe-da
Abflugverspätung (f)	항공기 지연	hang-gong-gi ji-yeon
Anzeigetafel (f)	안내 전광판	an-nae jeon-gwang-pan
Information (f)	정보	jeong-bo
ankündigen (vt)	알리다	al-li-da
Flug (m)	비행편	bi-haeng-pyeon
Zollamt (n)	세관	se-gwan
Zollbeamter (m)	세관원	se-gwan-won
Zolldeklaration (f)	세관신고서	se-gwan-sin-go-seo
die Zollerklärung ausfüllen	세관 신고서를 작성하다	se-gwan sin-go-seo-reul jak-seong-ha-da

Passkontrolle (f)	여권 검사	yeo-gwon geom-sa
Gepäck (n)	짐, 수하물	jim, su-ha-mul
Handgepäck (n)	휴대 가능 수하물	hyu-dae ga-neung su-ha-mul
Kofferkuli (m)	수하물 카트	su-ha-mul ka-teu
Landung (f)	착륙	chang-nyuk
Landebahn (f)	활주로	hwal-ju-ro
landen (vi)	착륙하다	chang-nyuk-a-da
Fluggasttreppe (f)	승강계단	seung-gang-gye-dan
Check-in (n)	체크인	che-keu-in
Check-in-Schalter (m)	체크인 카운터	che-keu-in ka-un-teo
sich registrieren lassen	체크인하다	che-keu-in-ha-da
Bordkarte (f)	탑승권	tap-seung-gwon
Abfluggate (n)	탑승구	tap-seung-gu
Transit (m)	트랜싯, 환승	teu-raen-sit, hwan-seung
warten (vi)	기다리다	gi-da-ri-da
Wartesaal (m)	공항 라운지	gong-hang na-un-ji
begleiten (vt)	배웅하다	bae-ung-ha-da
sich verabschieden	작별인사를 하다	jak-byeo-rin-sa-reul ha-da

Lebensereignisse

109. Feiertage. Ereignis

Fest (n)	휴일	hyu-il
Nationalfeiertag (m)	국경일	guk-gyeong-il
Feiertag (m)	공휴일	gong-hyu-il
feiern (vt)	기념하다	gi-nyeom-ha-da
Ereignis (n)	사건	sa-geon
Veranstaltung (f)	이벤트	i-ben-teu
Bankett (n)	연회	yeon-hoe
Empfang (m)	리셉션	ri-sep-syeon
Festmahl (n)	연회	yeon-hoe
Jahrestag (m)	기념일	gi-nyeom-il
Jubiläumsfeier (f)	기념일	gi-nyeom-il
begehen (vt)	경축하다	gyeong-chuk-a-da
Neujahr (n)	새해	sae-hae
Frohes Neues Jahr!	새해 복 많이 받으세요!	sae-hae bok ma-ni ba-deu-se-yo!
Weihnachtsmann (m)	산타클로스	san-ta-keul-lo-seu
Weihnachten (n)	크리스마스	keu-ri-seu-ma-seu
Frohe Weihnachten!	성탄을 축하합니다!	seong-ta-neul chuk-a-ham-ni-da!
Tannenbaum (m)	크리스마스트리	keu-ri-seu-ma-seu-teu-ri
Feuerwerk (n)	불꽃놀이	bul-kkon-no-ri
Hochzeit (f)	결혼식	gyeol-hon-sik
Bräutigam (m)	신랑	sil-lang
Braut (f)	신부	sin-bu
einladen (vt)	초대하다	cho-dae-ha-da
Einladung (f)	초대장	cho-dae-jang
Gast (m)	손님	son-nim
besuchen (vt)	방문하다	bang-mun-ha-da
Gäste empfangen	손님을 맞이하다	son-ni-meul ma-ji-ha-da
Geschenk (n)	선물	seon-mul
schenken (vt)	선물 하다	seon-mul ha-da
Geschenke bekommen	선물 받다	seon-mul bat-da
Blumenstrauß (m)	꽃다발	kkot-da-bal
Glückwunsch (m)	축하를	chuk-a-reul
gratulieren (vi)	축하하다	chuk-a-ha-da
Glückwunschkarte (f)	축하 카드	chuk-a ka-deu
eine Karte abschicken	카드를 보내다	ka-deu-reul bo-nae-da

eine Karte erhalten	카드 받다	ka-deu bat-da
Trinkspruch (m)	축배	chuk-bae
anbieten (vt)	대접하다	dae-jeo-pa-da
Champagner (m)	샴페인	syam-pe-in
sich amüsieren	즐기다	jeul-gi-da
Fröhlichkeit (f)	즐거움	jeul-geo-um
Freude (f)	기쁜, 즐거움	gi-ppeun, jeul-geo-um
Tanz (m)	춤	chum
tanzen (vi, vt)	춤추다	chum-chu-da
Walzer (m)	왈츠	wal-cheu
Tango (m)	탱고	taeng-go

110. Bestattungen. Begräbnis

Friedhof (m)	묘지	myo-ji
Grab (n)	무덤	mu-deom
Kreuz (n)	십자가	sip-ja-ga
Grabstein (m)	묘석	myo-seok
Zaun (m)	울타리	ul-ta-ri
Kapelle (f)	채플	chae-peul
Tod (m)	죽음	ju-geum
sterben (vi)	죽다	juk-da
Verstorbene (m)	고인	go-in
Trauer (f)	상	sang
begraben (vt)	묻다	mut-da
Bestattungsinstitut (n)	장례식장	jang-nye-sik-jang
Begräbnis (n)	장례식	jang-nye-sik
Kranz (m)	화환	hwa-hwan
Sarg (m)	관	gwan
Katafalk (m)	영구차	yeong-gu-cha
Totenhemd (n)	수의	su-ui
Urne (f)	유골 단지	yu-gol dan-ji
Krematorium (n)	화장장	hwa-jang-jang
Nachruf (m)	부고	bu-go
weinen (vi)	울다	ul-da
schluchzen (vi)	흐느껴 울다	heu-neu-kkyeo ul-da

111. Krieg. Soldaten

Zug (m)	소대	so-dae
Kompanie (f)	중대	jung-dae
Regiment (n)	연대	yeon-dae
Armee (f)	군대	gun-dae
Division (f)	사단	sa-dan

Abteilung (f)	분대	bun-dae
Heer (n)	군대	gun-dae
Soldat (m)	군인	gun-in
Offizier (m)	장교	jang-gyo
Soldat (m)	일병	il-byeong
Feldwebel (m)	병장	byeong-jang
Leutnant (m)	중위	jung-wi
Hauptmann (m)	대위	dae-wi
Major (m)	소령	so-ryeong
Oberst (m)	대령	dae-ryeong
General (m)	장군	jang-gun
Matrose (m)	선원	seon-won
Kapitän (m)	대위	dae-wi
Bootsmann (m)	갑판장	gap-pan-jang
Artillerist (m)	포병	po-byeong
Fallschirmjäger (m)	낙하산 부대원	nak-a-san bu-dae-won
Pilot (m)	조종사	jo-jong-sa
Steuermann (m)	항법사	hang-beop-sa
Mechaniker (m)	정비공	jeong-bi-gong
Pionier (m)	공병대원	gong-byeong-dae-won
Fallschirmspringer (m)	낙하산병	nak-a-san-byeong
Aufklärer (m)	정찰대	jeong-chal-dae
Scharfschütze (m)	저격병	jeo-gyeok-byeong
Patrouille (f)	순찰	sun-chal
patrouillieren (vi)	순찰하다	sun-chal-ha-da
Wache (f)	경비병	gyeong-bi-byeong
Krieger (m)	전사	jeon-sa
Patriot (m)	애국자	ae-guk-ja
Held (m)	영웅	yeong-ung
Heldin (f)	여걸	yeo-geol
Verräter (m)	매국노	mae-gung-no
Deserteur (m)	탈영병	ta-ryeong-byeong
desertieren (vi)	탈영하다	ta-ryeong-ha-da
Söldner (m)	용병	yong-byeong
Rekrut (m)	훈련병	hul-lyeon-byeong
Freiwillige (m)	지원병	ji-won-byeong
Getoetete (m)	사망자	sa-mang-ja
Verwundete (m)	부상자	bu-sang-ja
Kriegsgefangene (m)	포로	po-ro

112. Krieg. Militärische Aktionen. Teil 1

Krieg (m)	전쟁	jeon-jaeng
Krieg führen	참전하다	cham-jeon-ha-da

Deutsch	Koreanisch	Romanisation
Bürgerkrieg (m)	내전	nae-jeon
heimtückisch (Adv)	비겁하게	bi-geo-pa-ge
Kriegserklärung (f)	선전 포고	seon-jeon po-go
erklären (den Krieg ~)	선포하다	seon-po-ha-da
Aggression (f)	침략	chim-nyak
einfallen (Staat usw.)	공격하다	gong-gyeo-ka-da
einfallen (in ein Land ~)	침략하다	chim-nyak-a-da
Invasoren (pl)	침략자	chim-nyak-ja
Eroberer (m), Sieger (m)	정복자	jeong-bok-ja
Verteidigung (f)	방어	bang-eo
verteidigen (vt)	방어하다	bang-eo-ha-da
sich verteidigen	… 를 방어하다	… reul bang-eo-ha-da
Feind (m)	적	jeok
Gegner (m)	원수	won-su
Feind-	적의	jeo-gui
Strategie (f)	전략	jeol-lyak
Taktik (f)	전술	jeon-sul
Befehl (m)	명령	myeong-nyeong
Anordnung (f)	명령	myeong-nyeong
befehlen (vt)	명령하다	myeong-nyeong-ha-da
Auftrag (m)	임무	im-mu
geheim (Adj)	비밀의	bi-mi-rui
Gefecht (n)	전투	jeon-tu
Schlacht (f)	전투	jeon-tu
Kampf (m)	전투	jeon-tu
Angriff (m)	공격	gong-gyeok
Sturm (m)	돌격	dol-gyeok
stürmen (vt)	습격하다	seup-gyeok-a-da
Belagerung (f)	포위 공격	po-wi gong-gyeok
Angriff (m)	공세	gong-se
angreifen (vt)	공격하다	gong-gyeo-ka-da
Rückzug (m)	퇴각	toe-gak
sich zurückziehen	퇴각하다	toe-gak-a-da
Einkesselung (f)	포위	po-wi
einkesseln (vt)	둘러싸다	dul-leo-ssa-da
Bombenangriff (m)	폭격	pok-gyeok
eine Bombe abwerfen	폭탄을 투하하다	pok-ta-neul tu-ha-ha-da
bombardieren (vt)	폭격하다	pok-gyeok-a-da
Explosion (f)	폭발	pok-bal
Schuss (m)	발포	bal-po
schießen (vt)	쏘다	sso-da
Schießerei (f)	사격	sa-gyeok
zielen auf …	겨냥대다	gyeo-nyang-dae-da
richten (die Waffe)	총을 겨누다	chong-eul gyeo-nu-da

treffen (ins Schwarze ~)	맞히다	ma-chi-da
versenken (vt)	가라앉히다	ga-ra-an-chi-da
Loch (im Schiffsrumpf)	구멍	gu-meong
versinken (Schiff)	가라앉히다	ga-ra-an-chi-da
Front (f)	전선	jeon-seon
Evakuierung (f)	철수	cheol-su
evakuieren (vt)	대피시키다	dae-pi-si-ki-da
Schützengraben (m)	참호	cham-ho
Stacheldraht (m)	가시철사	ga-si-cheol-sa
Sperre (z.B. Panzersperre)	장애물	jang-ae-mul
Wachtturm (m)	감시탑	gam-si-tap
Lazarett (n)	군 병원	gun byeong-won
verwunden (vt)	부상을 입히다	bu-sang-eul ri-pi-da
Wunde (f)	부상	bu-sang
Verwundete (m)	부상자	bu-sang-ja
verletzt sein	부상을 입다	bu-sang-eul rip-da
schwer (-e Verletzung)	심각한	sim-gak-an

113. Krieg. Militärische Aktionen. Teil 2

Gefangenschaft (f)	사로잡힘	sa-ro-ja-pim
gefangen nehmen (vt)	포로로 하다	po-ro-ro ha-da
in Gefangenschaft sein	사로잡히어	sa-ro-ja-pi-eo
in Gefangenschaft geraten	포로가 되다	po-ro-ga doe-da
Konzentrationslager (n)	강제 수용소	gang-je su-yong-so
Kriegsgefangene (m)	포로	po-ro
fliehen (vi)	탈출하다	tal chul-ha-da
verraten (vt)	팔아먹다	pa-ra-meok-da
Verräter (m)	배반자	bae-ban-ja
Verrat (m)	배반	bae-ban
erschießen (vt)	총살하다	chong-sal-ha-da
Erschießung (f)	총살형	chong-sal-hyeong
Ausrüstung (persönliche ~)	군장	gun-jang
Schulterstück (n)	계급 견장	gye-geup gyeon-jang
Gasmaske (f)	가스 마스크	ga-seu ma-seu-keu
Funkgerät (n)	군용무전기	gu-nyong-mu-jeon-gi
Chiffre (f)	암호	am-ho
Geheimhaltung (f)	비밀 유지	bi-mil ryu-ji
Kennwort (n)	비밀번호	bi-mil-beon-ho
Mine (f)	지뢰	ji-roe
Minen legen	지뢰를 매설하다	ji-roe-reul mae-seol-ha-da
Minenfeld (n)	지뢰밭	ji-roe-bat
Luftalarm (m)	공습 경보	gong-seup gyeong-bo
Alarm (m)	경보	gyeong-bo

Signal (n)	신호	sin-ho
Signalrakete (f)	신호탄	sin-ho-tan
Hauptquartier (n)	본부	bon-bu
Aufklärung (f)	정찰	jeong-chal
Lage (f)	정세	jeong-se
Bericht (m)	보고	bo-go
Hinterhalt (m)	기습	gi-seup
Verstärkung (f)	강화	gang-hwa
Zielscheibe (f)	과녁	gwa-nyeok
Schießplatz (m)	성능 시험장	seong-neung si-heom-jang
Manöver (n)	군사 훈련	gun-sa hul-lyeon
Panik (f)	공황	gong-hwang
Verwüstung (f)	파멸	pa-myeol
Trümmer (pl)	파피	pa-goe
zerstören (vt)	파피하다	pa-goe-ha-da
überleben (vi)	살아남다	sa-ra-nam-da
entwaffnen (vt)	무장해제하다	mu-jang-hae-je-ha-da
handhaben (vt)	다루다	da-ru-da
Stillgestanden!	차려!	cha-ryeo!
Rühren!	쉬어!	swi-eo!
Heldentat (f)	무훈	mu-hun
Eid (m), Schwur (m)	맹세	maeng-se
schwören (vi, vt)	맹세하다	maeng-se-ha-da
Lohn (Orden, Medaille)	훈장	hun-jang
auszeichnen (mit Orden)	훈장을 주다	hun-jang-eul ju-da
Medaille (f)	메달	me-dal
Orden (m)	훈장	hun-jang
Sieg (m)	승리	seung-ni
Niederlage (f)	패배	pae-bae
Waffenstillstand (m)	휴전	hyu-jeon
Fahne (f)	기	gi
Ruhm (m)	영광	yeong-gwang
Parade (f)	퍼레이드	peo-re-i-deu
marschieren (vi)	행진하다	haeng-jin-ha-da

114. Waffen

Waffe (f)	무기	mu-gi
Schusswaffe (f)	화기	hwa-gi
chemischen Waffen (pl)	화학 병기	hwa-hak byeong-gi
Kern-, Atom-	핵의	hae-gui
Kernwaffe (f)	핵무기	haeng-mu-gi
Bombe (f)	폭탄	pok-tan
Atombombe (f)	원자폭탄	won-ja-pok-tan

Deutsch	한국어	Romanisierung
Pistole (f)	권총	gwon-chong
Gewehr (n)	장총	jang-chong
Maschinenpistole (f)	기관단총	gi-gwan-dan-chong
Maschinengewehr (n)	기관총	gi-gwan-chong
Mündung (f)	총구	chong-gu
Lauf (Gewehr-)	총열	chong-yeol
Kaliber (n)	구경	gu-gyeong
Abzug (m)	방아쇠	bang-a-soe
Visier (n)	가늠자	ga-neum-ja
Kolben (m)	개머리	gae-meo-ri
Handgranate (f)	수류탄	su-ryu-tan
Sprengstoff (m)	폭약	po-gyak
Kugel (f)	총알	chong-al
Patrone (f)	탄약통	ta-nyak-tong
Ladung (f)	화약	hwa-yak
Munition (f)	탄약	ta-nyak
Bomber (m)	폭격기	pok-gyeok-gi
Kampfflugzeug (n)	전투기	jeon-tu-gi
Hubschrauber (m)	헬리콥터	hel-li-kop-teo
Flugabwehrkanone (f)	대공포	dae-gong-po
Panzer (m)	전차	jeon-cha
Artillerie (f)	대포	dae-po
Kanone (f)	대포	dae-po
richten (die Waffe)	총을 겨누다	chong-eul gyeo-nu-da
Geschoß (n)	탄피	tan-pi
Wurfgranate (f)	박격포탄	bak-gyeok-po-tan
Granatwerfer (m)	박격포	bak-gyeok-po
Splitter (m)	포탄파편	po-tan-pa-pyeon
U-Boot (n)	잠수함	jam-su-ham
Torpedo (m)	어뢰	eo-roe
Rakete (f)	미사일	mi-sa-il
laden (Gewehr)	장탄하다	jang-tan-ha-da
schießen (vi)	쏘다	sso-da
zielen auf …	총을 겨누다	chong-eul gyeo-nu-da
Bajonett (n)	총검	chong-geom
Degen (m)	레이피어	re-i-pi-eo
Säbel (m)	군도	gun-do
Speer (m)	창	chang
Bogen (m)	활	hwal
Pfeil (m)	화살	hwa-sal
Muskete (f)	머스킷	meo-seu-kit
Armbrust (f)	석궁	seok-gung

115. Menschen der Antike

vorzeitlich	원시적인	won-si-jeo-gin
prähistorisch	선사시대의	seon-sa-si-dae-ui
alt (antik)	고대의	go-dae-ui
Steinzeit (f)	석기 시대	seok-gi si-dae
Bronzezeit (f)	청동기 시대	cheong-dong-gi si-dae
Eiszeit (f)	빙하 시대	bing-ha si-dae
Stamm (m)	부족	bu-jok
Kannibale (m)	식인종	si-gin-jong
Jäger (m)	사냥꾼	sa-nyang-kkun
jagen (vi)	사냥하다	sa-nyang-ha-da
Mammut (n)	매머드	mae-meo-deu
Höhle (f)	동굴	dong-gul
Feuer (n)	불	bul
Lagerfeuer (n)	모닥불	mo-dak-bul
Höhlenmalerei (f)	동굴 벽화	dong-gul byeok-wa
Werkzeug (n)	도구	do-gu
Speer (m)	창	chang
Steinbeil (n), Steinaxt (f)	돌도끼	dol-do-kki
Krieg führen	참전하다	cham-jeon-ha-da
domestizieren (vt)	길들이다	gil-deu-ri-da
Idol (n)	우상	u-sang
anbeten (vt)	숭배하다	sung-bae-ha-da
Aberglaube (m)	미신	mi-sin
Evolution (f)	진화	jin-hwa
Entwicklung (f)	개발	gae-bal
Verschwinden (n)	멸종	myeol-jong
sich anpassen	적응하다	jeo-geung-ha-da
Archäologie (f)	고고학	go-go-hak
Archäologe (m)	고고학자	go-go-hak-ja
archäologisch	고고학의	go-go-ha-gui
Ausgrabungsstätte (f)	발굴 현장	bal-gul hyeon-jang
Ausgrabungen (pl)	발굴	bal-gul
Fund (m)	발견물	bal-gyeon-mul
Fragment (n)	파편	pa-pyeon

116. Mittelalter

Volk (n)	민족	min-jok
Völker (pl)	민족	min-jok
Stamm (m)	부족	bu-jok
Stämme (pl)	부족들	bu-jok-deul
Barbaren (pl)	오랑캐	o-rang-kae
Gallier (pl)	갈리아인	gal-li-a-in

German	Korean	Romanization
Goten (pl)	고트족	go-teu-jok
Slawen (pl)	슬라브족	seul-la-beu-jok
Wikinger (pl)	바이킹	ba-i-king
Römer (pl)	로마 사람	ro-ma sa-ram
römisch	로마의	ro-ma-ui
Byzantiner (pl)	비잔티움 사람들	bi-jan-ti-um sa-ram-deul
Byzanz (n)	비잔티움	bi-jan-ti-um
byzantinisch	비잔틴의	bi-jan-tin-ui
Kaiser (m)	황제	hwang-je
Häuptling (m)	추장	chu-jang
mächtig (Kaiser usw.)	강력한	gang-nyeo-kan
König (m)	왕	wang
Herrscher (Monarch)	통치자	tong-chi-ja
Ritter (m)	기사	gi-sa
Feudalherr (m)	봉건 영주	bong-geon nyeong-ju
feudal, Feudal-	봉건적인	bong-geon-jeo-gin
Vasall (m)	봉신	bong-sin
Herzog (m)	공작	gong-jak
Graf (m)	백작	baek-jak
Baron (m)	남작	nam-jak
Bischof (m)	주교	ju-gyo
Rüstung (f)	갑옷	ga-bot
Schild (m)	방패	bang-pae
Schwert (n)	검	geom
Visier (n)	얼굴 가리개	eol-gul ga-ri-gae
Panzerhemd (n)	미늘 갑옷	mi-neul ga-bot
Kreuzzug (m)	십자군	sip-ja-gun
Kreuzritter (m)	십자군 전사	sip-ja-gun jeon-sa
Territorium (n)	영토	yeong-to
einfallen (vt)	공격하다	gong-gyeo-ka-da
erobern (vt)	정복하다	jeong-bok-a-da
besetzen (Land usw.)	점령하다	jeom-nyeong-ha-da
Belagerung (f)	포위 공격	po-wi gong-gyeok
belagert	포위당한	po-wi-dang-han
belagern (vt)	포위하다	po-wi-ha-da
Inquisition (f)	이단심문	i-dan-sim-mun
Inquisitor (m)	종교 재판관	jong-gyo jae-pan-gwan
Folter (f)	고문	go-mun
grausam (-e Folter)	잔혹한	jan-hok-an
Häretiker (m)	이단자	i-dan-ja
Häresie (f)	이단으로	i-da-neu-ro
Seefahrt (f)	항해	hang-hae
Seeräuber (m)	해적	hae-jeok
Seeräuberei (f)	해적 행위	hae-jeok aeng-wi
Enterung (f)	널판장	neol-pan-jang

| Beute (f) | 노획물 | no-hoeng-mul |
| Schätze (pl) | 보물 | bo-mul |

Entdeckung (f)	발견	bal-gyeon
entdecken (vt)	발견하다	bal-gyeon-ha-da
Expedition (f)	탐험	tam-heom

Musketier (m)	총병	chong-byeong
Kardinal (m)	추기경	chu-gi-gyeong
Heraldik (f)	문장학	mun-jang-hak
heraldisch	문장학의	mun-jang-ha-gui

117. Führungspersonen. Chef. Behörden

König (m)	왕	wang
Königin (f)	여왕	yeo-wang
königlich	왕족의	wang-jo-gui
Königreich (n)	왕국	wang-guk

| Prinz (m) | 왕자 | wang-ja |
| Prinzessin (f) | 공주 | gong-ju |

Präsident (m)	대통령	dae-tong-nyeong
Vizepräsident (m)	부통령	bu-tong-nyeong
Senator (m)	상원의원	sang-won-ui-won

Monarch (m)	군주	gun-ju
Herrscher (m)	통치자	tong-chi-ja
Diktator (m)	독재자	dok-jae-ja
Tyrann (m)	폭군	pok-gun
Magnat (m)	거물	geo-mul

Direktor (m)	사장	sa-jang
Chef (m)	추장	chu-jang
Leiter (einer Abteilung)	지배인	ji-bae-in

| Boss (m) | 상사 | sang-sa |
| Eigentümer (m) | 소유자 | so-yu-ja |

Leiter (Delegations-)	책임자	chae-gim-ja
Behörden (pl)	당국	dang-guk
Vorgesetzten (pl)	상사	sang-sa

Gouverneur (m)	주지사	ju-ji-sa
Konsul (m)	영사	yeong-sa
Diplomat (m)	외교관	oe-gyo-gwan

| Bürgermeister (m) | 시장 | si-jang |
| Sheriff (m) | 보안관 | bo-an-gwan |

Kaiser (m)	황제	hwang-je
Zar (m)	황제	hwang-je
Pharao (m)	파라오	pa-ra-o
Khan (m)	칸	kan

118. Gesetzesverstoß Verbrecher. Teil 1

Deutsch	Koreanisch	Umschrift
Bandit (m)	산적	san-jeok
Verbrechen (n)	범죄	beom-joe
Verbrecher (m)	범죄자	beom-joe-ja
Dieb (m)	도둑	do-duk
stehlen (vt)	훔치다	hum-chi-da
Diebstahl (Aktivität)	절도	jeol-do
Stehlen (n)	도둑질	do-duk-jil
kidnappen (vt)	납치하다	nap-chi-ha-da
Kidnapping (n)	유괴	yu-goe
Kidnapper (m)	유괴범	yu-goe-beom
Lösegeld (n)	몸값	mom-gap
Lösegeld verlangen	몸값을 요구하다	mom-gap-seul ryo-gu-ha-da
rauben (vt)	뺏다	ppaet-da
Räuber (m)	강도	gang-do
erpressen (vt)	갈취하다	gal-chwi-ha-da
Erpresser (m)	갈취자	gal-chwi-ja
Erpressung (f)	갈취	gal-chwi
morden (vt)	죽이다	ju-gi-da
Mord (m)	살인	sa-rin
Mörder (m)	살인자	sa-rin-ja
Schuss (m)	발포	bal-po
schießen (vt)	쏘다	sso-da
erschießen (vt)	쏘아 죽이다	sso-a ju-gi-da
feuern (vi)	쏘다	sso-da
Schießerei (f)	발사	bal-sa
Vorfall (m)	사건	sa-geon
Schlägerei (f)	몸싸움	mom-ssa-um
Opfer (n)	희생자	hui-saeng-ja
beschädigen (vt)	해치다	hae-chi-da
Schaden (m)	피해	pi-hae
Leiche (f)	시신	si-sin
schwer (-es Verbrechen)	중대한	jung-dae-han
angreifen (vt)	공격하다	gong-gyeo-ka-da
schlagen (vt)	때리다	ttae-ri-da
verprügeln (vt)	조지다	jo-ji-da
wegnehmen (vt)	훔치다	hum-chi-da
erstechen (vt)	찔러 죽이다	jjil-leo ju-gi-da
verstümmeln (vt)	불구로 만들다	bul-gu-ro man-deul-da
verwunden (vt)	부상을 입히다	bu-sang-eul ri-pi-da
Erpressung (f)	공갈	gong-gal
erpressen (vt)	공갈하다	gong-gal-ha-da
Erpresser (m)	공갈범	gong-gal-beom

Schutzgelderpressung (f)	폭력단의 갈취 행위	pong-nyeok-dan-ui gal-chwi haeng-wi
Erpresser (Racketeer)	모리배	mo-ri-bae
Gangster (m)	갱	gaeng
Mafia (f)	마피아	ma-pi-a
Taschendieb (m)	소매치기	so-mae-chi-gi
Einbrecher (m)	빈집털이범	bin-jip-teo-ri-beom
Schmuggel (m)	밀수입	mil-su-ip
Schmuggler (m)	밀수입자	mil-su-ip-ja
Fälschung (f)	위조	wi-jo
fälschen (vt)	위조하다	wi-jo-ha-da
gefälscht	가짜의	ga-jja-ui

119. Gesetzesbruch. Verbrecher. Teil 2

Vergewaltigung (f)	강간	gang-gan
vergewaltigen (vt)	강간하다	gang-gan-ha-da
Gewalttäter (m)	강간범	gang-gan-beom
Besessene (m)	미치광이	mi-chi-gwang-i
Prostituierte (f)	매춘부	mae-chun-bu
Prostitution (f)	매춘	mae-chun
Zuhälter (m)	포주	po-ju
Drogenabhängiger (m)	마약 중독자	ma-yak jung-dok-ja
Drogenhändler (m)	마약 밀매자	ma-yak mil-mae-ja
sprengen (vt)	폭발하다	pok-bal-ha-da
Explosion (f)	폭발	pok-bal
in Brand stecken	방화하다	bang-hwa-ha-da
Brandstifter (m)	방화범	bang-hwa-beom
Terrorismus (m)	테러리즘	te-reo-ri-jeum
Terrorist (m)	테러리스트	te-reo-ri-seu-teu
Geisel (m, f)	볼모	bol-mo
betrügen (vt)	속이다	so-gi-da
Betrug (m)	사기	sa-gi
Betrüger (m)	사기꾼	sa-gi-kkun
bestechen (vt)	뇌물을 주다	noe-mu-reul ju-da
Bestechlichkeit (f)	뇌물 수수	noe-mul su-su
Bestechungsgeld (n)	뇌물	noe-mul
Gift (n)	독	dok
vergiften (vt)	독살하다	dok-sal-ha-da
sich vergiften	음독하다	eum-dok-a-da
Selbstmord (m)	자살	ja-sal
Selbstmörder (m)	자살자	ja-sal-ja
drohen (vi)	협박하다	hyeop-bak-a-da
Drohung (f)	협박	hyeop-bak

versuchen (vt)	살해를 꾀하다	sal-hae-reul kkoe-ha-da
Attentat (n)	미수	mi-su
stehlen (Auto ~)	훔치는	hum-chi-da
entführen (Flugzeug ~)	납치하다	nap-chi-ha-da
Rache (f)	복수	bok-su
sich rächen	복수하다	bok-su-ha-da
foltern (vt)	고문하다	go-mun-ha-da
Folter (f)	고문	go-mun
quälen (vt)	피롭히다	goe-ro-pi-da
Seeräuber (m)	해적	hae-jeok
Rowdy (m)	난동꾼	nan-dong-kkun
bewaffnet	무장한	mu-jang-han
Gewalt (f)	폭력	pong-nyeok
Spionage (f)	간첩행위	gan-cheo-paeng-wi
spionieren (vi)	간첩 행위를 하다	gan-cheop paeng-wi-reul ha-da

120. Polizei Recht. Teil 1

Justiz (f)	정의	jeong-ui
Gericht (n)	법정	beop-jeong
Richter (m)	판사	pan-sa
Geschworenen (pl)	배심원	bae-sim-won
Geschworenengericht (n)	배심 재판	bae-sim jae-pan
richten (vt)	재판에 부치다	jae-pan-e bu-chi-da
Rechtsanwalt (m)	변호사	byeon-ho-sa
Angeklagte (m)	피고	pi-go
Anklagebank (f)	피고인석	pi-go-in-seok
Anklage (f)	혐의	hyeom-ui
Beschuldigte (m)	형사 피고인	pi-go-in
Urteil (n)	형량	hyeong-nyang
verurteilen (vt)	선고하다	seon-go-ha-da
Schuldige (m)	유죄	yu-joe
bestrafen (vt)	처벌하다	cheo-beol-ha-da
Strafe (f)	벌	beol
Geldstrafe (f)	벌금	beol-geum
lebenslange Haft (f)	종신형	jong-sin-hyeong
Todesstrafe (f)	사형	sa-hyeong
elektrischer Stuhl (m)	전기 의자	jeon-gi ui-ja
Galgen (m)	교수대	gyo-su-dae
hinrichten (vt)	집행하다	ji-paeng-ha-da
Hinrichtung (f)	처형	cheo-hyeong

| Gefängnis (n) | 교도소 | gyo-do-so |
| Zelle (f) | 감방 | gam-bang |

Eskorte (f)	호송	ho-song
Gefängniswärter (m)	간수	gan-su
Gefangene (m)	죄수	joe-su

| Handschellen (pl) | 수갑 | su-gap |
| Handschellen anlegen | 수갑을 채우다 | su-ga-beul chae-u-da |

Ausbruch (Flucht)	탈옥	ta-rok
ausbrechen (vi)	탈옥하다	ta-rok-a-da
verschwinden (vi)	사라지다	sa-ra-ji-da
aus ... entlassen	출옥하다	chu-rok-a-da
Amnestie (f)	사면	sa-myeon

Polizei (f)	경찰	gyeong-chal
Polizist (m)	경찰관	gyeong-chal-gwan
Polizeiwache (f)	경찰서	gyeong-chal-seo
Gummiknüppel (m)	경찰봉	gyeong-chal-bong
Sprachrohr (n)	메가폰	me-ga-pon

Streifenwagen (m)	순찰차	sun-chal-cha
Sirene (f)	사이렌	sa-i-ren
die Sirene einschalten	사이렌을 켜다	sa-i-re-neul kyeo-da
Sirenengeheul (n)	사이렌 소리	sa-i-ren so-ri

Tatort (m)	범죄현장	beom-joe-hyeon-jang
Zeuge (m)	목격자	mok-gyeok-ja
Freiheit (f)	자유	ja-yu
Komplize (m)	공범자	gong-beom-ja
verschwinden (vi)	달아나다	da-ra-na-da
Spur (f)	흔적	heun-jeok

121. Polizei. Recht. Teil 2

Fahndung (f)	조사	jo-sa
suchen (vt)	... 를 찾다	... reul chat-da
Verdacht (m)	혐의	hyeom-ui
verdächtig (Adj)	의심스러운	ui-sim-seu-reo-un
anhalten (Polizei)	멈추다	meom-chu-da
verhaften (vt)	구류하다	gu-ryu-ha-da

Fall (m), Klage (f)	판례	pal-lye
Untersuchung (f)	조사	jo-sa
Detektiv (m)	형사	hyeong-sa
Ermittlungsrichter (m)	조사관	jo-sa-gwan
Version (f)	가설	ga-seol

Motiv (n)	동기	dong-gi
Verhör (n)	심문	sim-mun
verhören (vt)	신문하다	sin-mun-ha-da
vernehmen (vt)	심문하다	sim-mun-ha-da
Kontrolle (Personen-)	확인	hwa-gin

Razzia (f)	일제 검거	il-je geom-geo
Durchsuchung (f)	수색	su-saek
Verfolgung (f)	추적	chu-jeok
nachjagen (vi)	추적하다	chu-jeok-a-da
verfolgen (vt)	추적하다	chu-jeok-a-da
Verhaftung (f)	체포	che-po
verhaften (vt)	체포하다	che-po-ha-da
fangen (vt)	붙잡다	but-jap-da
Festnahme (f)	체포	che-po
Dokument (n)	서류	seo-ryu
Beweis (m)	증거	jeung-geo
beweisen (vt)	증명하다	jeung-myeong-ha-da
Fußspur (f)	발자국	bal-ja-guk
Fingerabdrücke (pl)	지문	ji-mun
Beweisstück (n)	증거물	jeung-geo-mul
Alibi (n)	알리바이	al-li-ba-i
unschuldig	무죄인	mu-joe-in
Ungerechtigkeit (f)	부정	bu-jeong
ungerecht	부당한	bu-dang-han
Kriminal- beschlagnahmen (vt)	범죄의 몰수하다	beom-joe-ui mol-su-ha-da
Droge (f)	마약	ma-yak
Waffe (f)	무기	mu-gi
entwaffnen (vt)	무장해제하다	mu-jang-hae-je-ha-da
befehlen (vt)	명령하다	myeong-nyeong-ha-da
verschwinden (vi)	사라지다	sa-ra-ji-da
Gesetz (n)	법률	beom-nyul
gesetzlich	합법적인	hap-beop-jeo-gin
ungesetzlich	불법적인	bul-beop-jeo-gin
Verantwortlichkeit (f)	책임	chae-gim
verantwortlich	책임 있는	chae-gim in-neun

NATUR

Die Erde. Teil 1

122. Weltall

Kosmos (m)	우주	u-ju
kosmisch, Raum-	우주의	u-ju-ui
Weltraum (m)	우주 공간	u-ju gong-gan
All (n)	세계	se-gye
Universum (n)	우주	u-ju
Galaxie (f)	은하	eun-ha
Stern (m)	별, 항성	byeol, hang-seong
Gestirn (n)	별자리	byeol-ja-ri
Planet (m)	행성	haeng-seong
Satellit (m)	인공위성	in-gong-wi-seong
Meteorit (m)	운석	un-seok
Komet (m)	혜성	hye-seong
Asteroid (m)	소행성	so-haeng-seong
Umlaufbahn (f)	궤도	gwe-do
sich drehen	회전한다	hoe-jeon-han-da
Atmosphäre (f)	대기	dae-gi
Sonne (f)	태양	tae-yang
Sonnensystem (n)	태양계	tae-yang-gye
Sonnenfinsternis (f)	일식	il-sik
Erde (f)	지구	ji-gu
Mond (m)	달	dal
Mars (m)	화성	hwa-seong
Venus (f)	금성	geum-seong
Jupiter (m)	목성	mok-seong
Saturn (m)	토성	to-seong
Merkur (m)	수성	su-seong
Uran (m)	천왕성	cheon-wang-seong
Neptun (m)	해왕성	hae-wang-seong
Pluto (m)	명왕성	myeong-wang-seong
Milchstraße (f)	은하수	eun-ha-su
Der Große Bär	큰곰자리	keun-gom-ja-ri
Polarstern (m)	북극성	buk-geuk-seong
Marsbewohner (m)	화성인	hwa-seong-in
Außerirdischer (m)	외계인	oe-gye-in

außerirdisches Wesen (n)	외계인	oe-gye-in
fliegende Untertasse (f)	비행 접시	bi-haeng jeop-si
Raumschiff (n)	우주선	u-ju-seon
Raumstation (f)	우주 정거장	u-ju jeong-nyu-jang
Triebwerk (n)	엔진	en-jin
Düse (f)	노즐	no-jeul
Treibstoff (m)	연료	yeol-lyo
Kabine (f)	조종석	jo-jong-seok
Antenne (f)	안테나	an-te-na
Bullauge (n)	현창	hyeon-chang
Sonnenbatterie (f)	태양 전지	tae-yang jeon-ji
Raumanzug (m)	우주복	u-ju-bok
Schwerelosigkeit (f)	무중력	mu-jung-nyeok
Sauerstoff (m)	산소	san-so
Ankopplung (f)	도킹	do-king
koppeln (vi)	도킹하다	do-king-ha-da
Observatorium (n)	천문대	cheon-mun-dae
Teleskop (n)	망원경	mang-won-gyeong
beobachten (vt)	관찰하다	gwan-chal-ha-da
erforschen (vt)	탐험하다	tam-heom-ha-da

123. Die Erde

Erde (f)	지구	ji-gu
Erdkugel (f)	지구	ji-gu
Planet (m)	행성	haeng-seong
Atmosphäre (f)	대기	dae-gi
Geographie (f)	지리학	ji-ri-hak
Natur (f)	자연	ja-yeon
Globus (m)	지구의	ji-gu-ui
Landkarte (f)	지도	ji-do
Atlas (m)	지도첩	ji-do-cheop
Europa (n)	유럽	yu-reop
Asien (n)	아시아	a-si-a
Afrika (n)	아프리카	a-peu-ri-ka
Australien (n)	호주	ho-ju
Amerika (n)	아메리카 대륙	a-me-ri-ka dae-ryuk
Nordamerika (n)	북아메리카	bu-ga-me-ri-ka
Südamerika (n)	남아메리카	nam-a-me-ri-ka
Antarktis (f)	남극 대륙	nam-geuk dae-ryuk
Arktis (f)	극지방	geuk-ji-bang

124. Himmelsrichtungen

Deutsch	Koreanisch	Romanisierung
Norden (m)	북쪽	buk-jjok
nach Norden	북쪽으로	buk-jjo-geu-ro
im Norden	북쪽에	buk-jjo-ge
nördlich	북쪽의	buk-jjo-gui
Süden (m)	남쪽	nam-jjok
nach Süden	남쪽으로	nam-jjo-geu-ro
im Süden	남쪽에	nam-jjo-ge
südlich	남쪽의	nam-jjo-gui
Westen (m)	서쪽	seo-jjok
nach Westen	서쪽으로	seo-jjo-geu-ro
im Westen	서쪽에	seo-jjo-ge
westlich, West-	서쪽의	seo-jjo-gui
Osten (m)	동쪽	dong-jjok
nach Osten	동쪽으로	dong-jjo-geu-ro
im Osten	동쪽에	dong-jjo-ge
östlich	동쪽의	dong-jjo-gui

125. Meer. Ozean

Deutsch	Koreanisch	Romanisierung
Meer (n), See (f)	바다	ba-da
Ozean (m)	대양	dae-yang
Golf (m)	만	man
Meerenge (f)	해협	hae-hyeop
Kontinent (m)	대륙	dae-ryuk
Insel (f)	섬	seom
Halbinsel (f)	반도	ban-do
Archipel (m)	군도	gun-do
Bucht (f)	만	man
Hafen (m)	항구	hang-gu
Lagune (f)	석호	seok-o
Kap (n)	곶	got
Atoll (n)	환초	hwan-cho
Riff (n)	암초	am-cho
Koralle (f)	산호	san-ho
Korallenriff (n)	산호초	san-ho-cho
tief (Adj)	깊은	gi-peun
Tiefe (f)	깊이	gi-pi
Graben (m)	해구	hae-gu
Strom (m)	해류	hae-ryu
umspülen (vt)	둘러싸다	dul-leo-ssa-da
Ufer (n)	해변	hae-byeon
Küste (f)	바닷가	ba-dat-ga

Deutsch	Koreanisch	Romanisierung
Flut (f)	밀물	mil-mul
Ebbe (f)	썰물	sseol-mul
Sandbank (f)	모래톱	mo-rae-top
Boden (m)	해저	hae-jeo
Welle (f)	파도	pa-do
Wellenkamm (m)	물마루	mul-ma-ru
Schaum (m)	거품	geo-pum
Orkan (m)	허리케인	heo-ri-ke-in
Tsunami (m)	해일	hae-il
Windstille (f)	고요함	go-yo-ham
ruhig	고요한	go-yo-han
Pol (m)	극	geuk
Polar-	극지의	geuk-ji-ui
Breite (f)	위도	wi-do
Länge (f)	경도	gyeong-do
Breitenkreis (m)	위도선	wi-do-seon
Äquator (m)	적도	jeok-do
Himmel (m)	하늘	ha-neul
Horizont (m)	수평선	su-pyeong-seon
Luft (f)	공기	gong-gi
Leuchtturm (m)	등대	deung-dae
tauchen (vi)	뛰어들다	ttwi-eo-deul-da
versinken (vi)	가라앉다	ga-ra-an-da
Schätze (pl)	보물	bo-mul

126. Namen der Meere und Ozeane

Deutsch	Koreanisch	Romanisierung
Atlantischer Ozean (m)	대서양	dae-seo-yang
Indischer Ozean (m)	인도양	in-do-yang
Pazifischer Ozean (m)	태평양	tae-pyeong-yang
Arktischer Ozean (m)	북극해	buk-geuk-ae
Schwarzes Meer (n)	흑해	heuk-ae
Rotes Meer (n)	홍해	hong-hae
Gelbes Meer (n)	황해	hwang-hae
Weißes Meer (n)	백해	baek-ae
Kaspisches Meer (n)	카스피 해	ka-seu-pi hae
Totes Meer (n)	사해	sa-hae
Mittelmeer (n)	지중해	ji-jung-hae
Ägäisches Meer (n)	에게 해	e-ge hae
Adriatisches Meer (n)	아드리아 해	a-deu-ri-a hae
Arabisches Meer (n)	아라비아 해	a-ra-bi-a hae
Japanisches Meer (n)	동해	dong-hae
Beringmeer (n)	베링 해	be-ring hae
Südchinesisches Meer (n)	남중국해	nam-jung-guk-ae

Korallenmeer (n)	산호해	san-ho-hae
Tasmansee (f)	태즈먼 해	tae-jeu-meon hae
Karibisches Meer (n)	카리브 해	ka-ri-beu hae
Barentssee (f)	바렌츠 해	ba-ren-cheu hae
Karasee (f)	카라 해	ka-ra hae
Nordsee (f)	북해	buk-ae
Ostsee (f)	발트 해	bal-teu hae
Nordmeer (n)	노르웨이 해	no-reu-we-i hae

127. Berge

Berg (m)	산	san
Gebirgskette (f)	산맥	san-maek
Bergrücken (m)	능선	neung-seon
Gipfel (m)	정상	jeong-sang
Spitze (f)	봉우리	bong-u-ri
Bergfuß (m)	기슭	gi-seuk
Abhang (m)	경사면	gyeong-sa-myeon
Vulkan (m)	화산	hwa-san
tätiger Vulkan (m)	활화산	hwal-hwa-san
schlafender Vulkan (m)	사화산	sa-hwa-san
Ausbruch (m)	폭발	pok-bal
Krater (m)	분화구	bun-hwa-gu
Magma (n)	마그마	ma-geu-ma
Lava (f)	용암	yong-am
glühend heiß (-e Lava)	녹은	no-geun
Cañon (m)	협곡	hyeop-gok
Schlucht (f)	협곡	hyeop-gok
Spalte (f)	갈라진	gal-la-jin
Gebirgspass (m)	산길	san-gil
Plateau (n)	고원	go-won
Fels (m)	절벽	jeol-byeok
Hügel (m)	언덕, 작은 산	eon-deok, ja-geun san
Gletscher (m)	빙하	bing-ha
Wasserfall (m)	폭포	pok-po
Geiser (m)	간헐천	gan-heol-cheon
See (m)	호수	ho-su
Ebene (f)	평원	pyeong-won
Landschaft (f)	경관	gyeong-gwan
Echo (n)	메아리	me-a-ri
Bergsteiger (m)	등산가	deung-san-ga
Kletterer (m)	암벽 등반가	am-byeok deung-ban-ga
bezwingen (vt)	정복하다	jeong-bok-a-da
Aufstieg (m)	등반	deung-ban

128. Namen der Berge

Alpen (pl)	알프스 산맥	al-peu-seu san-maek
Montblanc (m)	몽블랑 산	mong-beul-lang san
Pyrenäen (pl)	피레네 산맥	pi-re-ne san-maek
Karpaten (pl)	카르파티아 산맥	ka-reu-pa-ti-a san-maek
Uralgebirge (n)	우랄 산맥	u-ral san-maek
Kaukasus (m)	코카서스 산맥	ko-ka-seo-seu san-maek
Elbrus (m)	엘브루스 산	el-beu-ru-seu san
Altai (m)	알타이 산맥	al-ta-i san-maek
Tian Shan (m)	톈샨 산맥	ten-syan san-maek
Pamir (m)	파미르 고원	pa-mi-reu go-won
Himalaja (m)	히말라야 산맥	hi-mal-la-ya san-maek
Everest (m)	에베레스트 산	e-be-re-seu-teu san
Anden (pl)	안데스 산맥	an-de-seu san-maek
Kilimandscharo (m)	킬리만자로 산	kil-li-man-ja-ro san

129. Flüsse

Fluss (m)	강	gang
Quelle (f)	샘	saem
Flussbett (n)	강바닥	gang-ba-dak
Stromgebiet (n)	유역	yu-yeok
einmünden in ...	... 로 흘러가다	... ro heul-leo-ga-da
Nebenfluss (m)	지류	ji-ryu
Ufer (n)	둑	duk
Strom (m)	흐름	heu-reum
stromabwärts	하류로	gang ha-ryu-ro
stromaufwärts	상류로	sang-nyu-ro
Überschwemmung (f)	홍수	hong-su
Hochwasser (n)	홍수	hong-su
aus den Ufern treten	범람하다	beom-nam-ha-da
überfluten (vt)	범람하다	beom-nam-ha-da
Sandbank (f)	얕은 곳	ya-teun got
Stromschnelle (f)	여울	yeo-ul
Damm (m)	댐	daem
Kanal (m)	운하	un-ha
Stausee (m)	저수지	jeo-su-ji
Schleuse (f)	수문	su-mun
Gewässer (n)	저장 수량	jeo-jang su-ryang
Sumpf (m), Moor (n)	늪, 소택지	neup, so-taek-ji
Marsch (f)	수렁	su-reong
Strudel (m)	소용돌이	so-yong-do-ri
Bach (m)	개울, 시내	gae-ul, si-nae

Trink- (z.B. Trinkwasser)	마실 수 있는	ma-sil su in-neun
Süß- (Wasser)	민물의	min-mu-rui
Eis (n)	얼음	eo-reum
zufrieren (vi)	얼다	eol-da

130. Namen der Flüsse

Seine (f)	센 강	sen gang
Loire (f)	루아르 강	ru-a-reu gang
Themse (f)	템스 강	tem-seu gang
Rhein (m)	라인 강	ra-in gang
Donau (f)	도나우 강	do-na-u gang
Wolga (f)	볼가 강	bol-ga gang
Don (m)	돈 강	don gang
Lena (f)	레나 강	re-na gang
Gelber Fluss (m)	황허강	hwang-heo-gang
Jangtse (m)	양자강	yang-ja-gang
Mekong (m)	메콩 강	me-kong gang
Ganges (m)	갠지스 강	gaen-ji-seu gang
Nil (m)	나일 강	na-il gang
Kongo (m)	콩고 강	kong-go gang
Okavango (m)	오카방고 강	o-ka-bang-go gang
Sambesi (m)	잠베지 강	jam-be-ji gang
Limpopo (m)	림포포 강	rim-po-po gang

131. Wald

Wald (m)	숲	sup
Wald-	산림의	sal-li-mui
Dickicht (n)	밀림	mil-lim
Gehölz (n)	작은 숲	ja-geun sup
Lichtung (f)	빈터	bin-teo
Dickicht (n)	덤불	deom-bul
Gebüsch (n)	관목지	gwan-mok-ji
Fußweg (m)	오솔길	o-sol-gil
Erosionsrinne (f)	도랑	do-rang
Baum (m)	나무	na-mu
Blatt (n)	잎	ip
Laub (n)	나뭇잎	na-mun-nip
Laubfall (m)	낙엽	na-gyeop
fallen (Blätter)	떨어지다	tteo-reo-ji-da
Zweig (m)	가지	ga-ji

Ast (m)	큰 가지	keun ga-ji
Knospe (f)	잎눈	im-nun
Nadel (f)	바늘	ba-neul
Zapfen (m)	솔방울	sol-bang-ul
Höhlung (f)	구멍	gu-meong
Nest (n)	둥지	dung-ji
Höhle (f)	굴	gul
Stamm (m)	몸통	mom-tong
Wurzel (f)	뿌리	ppu-ri
Rinde (f)	껍질	kkeop-jil
Moos (n)	이끼	i-kki
entwurzeln (vt)	수목을 통째 뽑다	su-mo-geul tong-jjae ppop-da
fällen (vt)	자르다	ja-reu-da
abholzen (vt)	삼림을 없애다	sam-ni-meul reop-sae-da
Baumstumpf (m)	그루터기	geu-ru-teo-gi
Lagerfeuer (n)	모닥불	mo-dak-bul
Waldbrand (m)	산불	san-bul
löschen (vt)	끄다	kkeu-da
Förster (m)	산림경비원	sal-lim-gyeong-bi-won
Schutz (m)	보호	bo-ho
beschützen (vt)	보호하다	bo-ho-ha-da
Wilddieb (m)	밀렵자	mil-lyeop-ja
Falle (f)	덫	deot
sammeln, pflücken (vt)	따다	tta-da
sich verirren	길을 잃다	gi-reul ril-ta

132. natürliche Lebensgrundlagen

Naturressourcen (pl)	천연 자원	cheo-nyeon ja-won
Vorkommen (n)	매장량	mae-jang-nyang
Feld (Ölfeld usw.)	지역	ji-yeok
gewinnen (vt)	채광하다	chae-gwang-ha-da
Gewinnung (f)	막장일	mak-jang-il
Erz (n)	광석	gwang-seok
Bergwerk (n)	광산	gwang-san
Schacht (m)	갱도	gaeng-do
Bergarbeiter (m)	광부	gwang-bu
Erdgas (n)	가스	ga-seu
Gasleitung (f)	가스관	ga-seu-gwan
Erdöl (n)	석유	seo-gyu
Erdölleitung (f)	석유 파이프라인	seo-gyu pa-i-peu-ra-in
Ölquelle (f)	유정	yu-jeong
Bohrturm (m)	유정탑	yu-jeong-tap
Tanker (m)	유조선	yu-jo-seon
Sand (m)	모래	mo-rae

Kalkstein (m)	석회석	seok-oe-seok
Kies (m)	자갈	ja-gal
Torf (m)	토탄	to-tan
Ton (m)	점토	jeom-to
Kohle (f)	석탄	seok-tan
Eisen (n)	철	cheol
Gold (n)	금	geum
Silber (n)	은	eun
Nickel (n)	니켈	ni-kel
Kupfer (n)	구리	gu-ri
Zink (n)	아연	a-yeon
Mangan (n)	망간	mang-gan
Quecksilber (n)	수은	su-eun
Blei (n)	납	nap
Mineral (n)	광물	gwang-mul
Kristall (m)	수정	su-jeong
Marmor (m)	대리석	dae-ri-seok
Uran (n)	우라늄	u-ra-nyum

Die Erde. Teil 2

133. Wetter

Wetter (n)	날씨	nal-ssi
Wetterbericht (m)	일기 예보	il-gi ye-bo
Temperatur (f)	온도	on-do
Thermometer (n)	온도계	on-do-gye
Barometer (n)	기압계	gi-ap-gye
Feuchtigkeit (f)	습함, 습기	seu-pam, seup-gi
Hitze (f)	더위	deo-wi
glutheiß	더운	deo-un
ist heiß	덥다	deop-da
ist warm	따뜻하다	tta-tteu-ta-da
warm (Adj)	따뜻한	tta-tteu-tan
ist kalt	춥다	chup-da
kalt (Adj)	추운	chu-un
Sonne (f)	해	hae
scheinen (vi)	빛나다	bin-na-da
sonnig (Adj)	화창한	hwa-chang-han
aufgehen (vi)	뜨다	tteu-da
untergehen (vi)	지다	ji-da
Wolke (f)	구름	gu-reum
bewölkt, wolkig	구름의	gu-reum-ui
trüb (-er Tag)	흐린	heu-rin
Regen (m)	비	bi
Es regnet	비가 오다	bi-ga o-da
regnerisch (-er Tag)	비가 오는	bi-ga o-neun
nieseln (vi)	이슬비가 내리다	i-seul-bi-ga nae-ri-da
strömender Regen (m)	억수	eok-su
Regenschauer (m)	호우	ho-u
stark (-er Regen)	심한	sim-han
Pfütze (f)	웅덩이	ung-deong-i
nass werden (vi)	젖다	jeot-da
Nebel (m)	안개	an-gae
neblig (-er Tag)	안개가 자욱한	an-gae-ga ja-uk-an
Schnee (m)	눈	nun
Es schneit	눈이 오다	nun-i o-da

134. Unwetter Naturkatastrophen

Gewitter (n)	뇌우	noe-u
Blitz (m)	번개	beon-gae
blitzen (vi)	번쩍이다	beon-jjeo-gi-da
Donner (m)	천둥	cheon-dung
donnern (vi)	천둥이 치다	cheon-dung-i chi-da
Es donnert	천둥이 치다	cheon-dung-i chi-da
Hagel (m)	싸락눈	ssa-rang-nun
Es hagelt	싸락눈이 내리다	ssa-rang-nun-i nae-ri-da
überfluten (vt)	범람하다	beom-nam-ha-da
Überschwemmung (f)	홍수	hong-su
Erdbeben (n)	지진	ji-jin
Erschütterung (f)	진동	jin-dong
Epizentrum (n)	진앙	jin-ang
Ausbruch (m)	폭발	pok-bal
Lava (f)	용암	yong-am
Wirbelsturm (m)	회오리바람	hoe-o-ri-ba-ram
Tornado (m)	토네이도	to-ne-i-do
Taifun (m)	태풍	tae-pung
Orkan (m)	허리케인	heo-ri-ke-in
Sturm (m)	폭풍우	pok-pung-u
Tsunami (m)	해일	hae-il
Brand (m)	불	bul
Katastrophe (f)	재해	jae-hae
Meteorit (m)	운석	un-seok
Lawine (f)	눈사태	nun-sa-tae
Schneelawine (f)	눈사태	nun-sa-tae
Schneegestöber (n)	눈보라	nun-bo-ra
Schneesturm (m)	눈보라	nun-bo-ra

Fauna

135. Säugetiere. Raubtiere

Raubtier (n)	육식 동물	yuk-sik dong-mul
Tiger (m)	호랑이	ho-rang-i
Löwe (m)	사자	sa-ja
Wolf (m)	이리	i-ri
Fuchs (m)	여우	yeo-u
Jaguar (m)	재규어	jae-gyu-eo
Leopard (m)	표범	pyo-beom
Gepard (m)	치타	chi-ta
Puma (m)	퓨마	pyu-ma
Schneeleopard (m)	눈표범	nun-pyo-beom
Luchs (m)	스라소니	seu-ra-so-ni
Kojote (m)	코요테	ko-yo-te
Schakal (m)	재칼	jae-kal
Hyäne (f)	하이에나	ha-i-e-na

136. Tiere in freier Wildbahn

Tier (n)	동물	dong-mul
Bestie (f)	짐승	jim-seung
Eichhörnchen (n)	다람쥐	da-ram-jwi
Igel (m)	고슴도치	go-seum-do-chi
Hase (m)	토끼	to-kki
Kaninchen (n)	굴토끼	gul-to-kki
Dachs (m)	오소리	o-so-ri
Waschbär (m)	너구리	neo-gu-ri
Hamster (m)	햄스터	haem-seu-teo
Murmeltier (n)	마멋	ma-meot
Maulwurf (m)	두더지	du-deo-ji
Maus (f)	생쥐	saeng-jwi
Ratte (f)	시궁쥐	si-gung-jwi
Fledermaus (f)	박쥐	bak-jwi
Hermelin (n)	북방족제비	buk-bang-jok-je-bi
Zobel (m)	검은담비	geo-meun-dam-bi
Marder (m)	담비	dam-bi
Nerz (m)	밍크	ming-keu
Biber (m)	비버	bi-beo
Fischotter (m)	수달	su-dal

Pferd (n)	말	mal
Elch (m)	엘크, 무스	el-keu, mu-seu
Hirsch (m)	사슴	sa-seum
Kamel (n)	낙타	nak-ta
Bison (m)	미국들소	mi-guk-deul-so
Wisent (m)	유럽들소	yu-reop-deul-so
Büffel (m)	물소	mul-so
Zebra (n)	얼룩말	eol-lung-mal
Antilope (f)	영양	yeong-yang
Reh (n)	노루	no-ru
Damhirsch (m)	다마사슴	da-ma-sa-seum
Gämse (f)	샤모아	sya-mo-a
Wildschwein (n)	멧돼지	met-dwae-ji
Wal (m)	고래	go-rae
Seehund (m)	바다표범	ba-da-pyo-beom
Walroß (n)	바다코끼리	ba-da-ko-kki-ri
Seebär (m)	물개	mul-gae
Delfin (m)	돌고래	dol-go-rae
Bär (m)	곰	gom
Eisbär (m)	북극곰	buk-geuk-gom
Panda (m)	판다	pan-da
Affe (m)	원숭이	won-sung-i
Schimpanse (m)	침팬지	chim-paen-ji
Orang-Utan (m)	오랑우탄	o-rang-u-tan
Gorilla (m)	고릴라	go-ril-la
Makak (m)	마카크	ma-ka-keu
Gibbon (m)	긴팔원숭이	gin-pa-rwon-sung-i
Elefant (m)	코끼리	ko-kki-ri
Nashorn (n)	코뿔소	ko-ppul-so
Giraffe (f)	기린	gi-rin
Flusspferd (n)	하마	ha-ma
Känguru (n)	캥거루	kaeng-geo-ru
Koala (m)	코알라	ko-al-la
Manguste (f)	몽구스	mong-gu-seu
Chinchilla (n)	친칠라	chin-chil-la
Stinktier (n)	스컹크	seu-keong-keu
Stachelschwein (n)	호저	ho-jeo

137. Haustiere

Katze (f)	고양이	go-yang-i
Kater (m)	수고양이	su-go-yang-i
Pferd (n)	말	mal
Hengst (m)	수말, 종마	su-mal, jong-ma
Stute (f)	암말	am-mal

Kuh (f)	암소	am-so
Stier (m)	황소	hwang-so
Ochse (m)	수소	su-so
Schaf (n)	양, 암양	yang, a-myang
Widder (m)	수양	su-yang
Ziege (f)	염소	yeom-so
Ziegenbock (m)	숫염소	sun-nyeom-so
Esel (m)	당나귀	dang-na-gwi
Maultier (n)	노새	no-sae
Schwein (n)	돼지	dwae-ji
Ferkel (n)	돼지 새끼	dwae-ji sae-kki
Kaninchen (n)	집토끼	jip-to-kki
Huhn (n)	암탉	am-tak
Hahn (m)	수탉	su-tak
Ente (f)	집오리	ji-bo-ri
Enterich (m)	수오리	su-o-ri
Gans (f)	집거위	jip-geo-wi
Puter (m)	수칠면조	su-chil-myeon-jo
Pute (f)	칠면조	chil-myeon-jo
Haustiere (pl)	가축	ga-chuk
zahm	길들여진	gil-deu-ryeo-jin
zähmen (vt)	길들이다	gil-deu-ri-da
züchten (vt)	사육하다, 기르다	sa-yuk-a-da, gi-reu-da
Farm (f)	농장	nong-jang
Geflügel (n)	가금	ga-geum
Vieh (n)	가축	ga-chuk
Herde (f)	떼	tte
Pferdestall (m)	마구간	ma-gu-gan
Schweinestall (m)	돼지 우리	dwae-ji u-ri
Kuhstall (m)	외양간	oe-yang-gan
Kaninchenstall (m)	토끼장	to-kki-jang
Hühnerstall (m)	닭장	dak-jang

138. Vögel

Vogel (m)	새	sae
Taube (f)	비둘기	bi-dul-gi
Spatz (m)	참새	cham-sae
Meise (f)	박새	bak-sae
Elster (f)	까치	kka-chi
Rabe (m)	갈가마귀	gal-ga-ma-gwi
Krähe (f)	까마귀	kka-ma-gwi
Dohle (f)	갈가마귀	gal-ga-ma-gwi
Saatkrähe (f)	떼까마귀	ttae-kka-ma-gwi

Ente (f)	오리	o-ri
Gans (f)	거위	geo-wi
Fasan (m)	꿩	kkwong
Adler (m)	독수리	dok-su-ri
Habicht (m)	매	mae
Falke (m)	매	mae
Greif (m)	독수리, 콘도르	dok-su-ri, kon-do-reu
Kondor (m)	콘도르	kon-do-reu
Schwan (m)	백조	baek-jo
Kranich (m)	두루미	du-ru-mi
Storch (m)	황새	hwang-sae
Papagei (m)	앵무새	aeng-mu-sae
Kolibri (m)	벌새	beol-sae
Pfau (m)	공작	gong-jak
Strauß (m)	타조	ta-jo
Reiher (m)	왜가리	wae-ga-ri
Flamingo (m)	플라밍고	peul-la-ming-go
Pelikan (m)	펠리컨	pel-li-keon
Nachtigall (f)	나이팅게일	na-i-ting-ge-il
Schwalbe (f)	제비	je-bi
Drossel (f)	지빠귀	ji-ppa-gwi
Singdrossel (f)	노래지빠귀	no-rae-ji-ppa-gwi
Amsel (f)	대륙검은지빠귀	dae-ryuk-geo-meun-ji-ppa-gwi
Segler (m)	칼새	kal-sae
Lerche (f)	종다리	jong-da-ri
Wachtel (f)	메추라기	me-chu-ra-gi
Specht (m)	딱따구리	ttak-tta-gu-ri
Kuckuck (m)	뻐꾸기	ppeo-kku-gi
Eule (f)	올빼미	ol-ppae-mi
Uhu (m)	수리부엉이	su-ri-bu-eong-i
Auerhahn (m)	큰뇌조	keun-noe-jo
Birkhahn (m)	멧닭	met-dak
Rebhuhn (n)	자고	ja-go
Star (m)	찌르레기	jji-reu-re-gi
Kanarienvogel (m)	카나리아	ka-na-ri-a
Buchfink (m)	되새	doe-sae
Gimpel (m)	피리새	pi-ri-sae
Möwe (f)	갈매기	gal-mae-gi
Albatros (m)	신천옹	sin-cheon-ong
Pinguin (m)	펭귄	peng-gwin

139. Fische. Meerestiere

Brachse (f)	도미류	do-mi-ryu
Karpfen (m)	잉어	ing-eo

Barsch (m)	농어의 일종	nong-eo-ui il-jong
Wels (m)	메기	me-gi
Hecht (m)	북부민물꼬치고기	buk-bu-min-mul-kko-chi-go-gi
Lachs (m)	연어	yeon-eo
Stör (m)	철갑상어	cheol-gap-sang-eo
Hering (m)	청어	cheong-eo
atlantische Lachs (m)	대서양 연어	dae-seo-yang yeon-eo
Makrele (f)	고등어	go-deung-eo
Scholle (f)	넙치	neop-chi
Dorsch (m)	대구	dae-gu
Tunfisch (m)	참치	cham-chi
Forelle (f)	송어	song-eo
Aal (m)	뱀장어	baem-jang-eo
Zitterrochen (m)	시끈가오리	si-kkeun-ga-o-ri
Muräne (f)	곰치	gom-chi
Piranha (m)	피라니아	pi-ra-ni-a
Hai (m)	상어	sang-eo
Delfin (m)	돌고래	dol-go-rae
Wal (m)	고래	go-rae
Krabbe (f)	게	ge
Meduse (f)	해파리	hae-pa-ri
Krake (m)	낙지	nak-ji
Seestern (m)	불가사리	bul-ga-sa-ri
Seeigel (m)	성게	seong-ge
Seepferdchen (n)	해마	hae-ma
Auster (f)	굴	gul
Garnele (f)	새우	sae-u
Hummer (m)	바닷가재	ba-dat-ga-jae
Languste (f)	대하	dae-ha

140. Amphibien Reptilien

Schlange (f)	뱀	baem
Gift-, giftig	독이 있는	do-gi in-neun
Viper (f)	살무사	sal-mu-sa
Kobra (f)	코브라	ko-beu-ra
Python (m)	비단뱀	bi-dan-baem
Boa (f)	보아	bo-a
Ringelnatter (f)	풀뱀	pul-baem
Klapperschlange (f)	방울뱀	bang-ul-baem
Anakonda (f)	아나콘다	a-na-kon-da
Eidechse (f)	도마뱀	do-ma-baem
Leguan (m)	이구아나	i-gu-a-na

Salamander (m)	도롱뇽	do-rong-nyong
Chamäleon (n)	카멜레온	ka-mel-le-on
Skorpion (m)	전갈	jeon-gal
Schildkröte (f)	거북	geo-buk
Frosch (m)	개구리	gae-gu-ri
Kröte (f)	두꺼비	du-kkeo-bi
Krokodil (n)	악어	a-geo

141. Insekten

Insekt (n)	곤충	gon-chung
Schmetterling (m)	나비	na-bi
Ameise (f)	개미	gae-mi
Fliege (f)	파리	pa-ri
Mücke (f)	모기	mo-gi
Käfer (m)	딱정벌레	ttak-jeong-beol-le
Wespe (f)	말벌	mal-beol
Biene (f)	꿀벌	kkul-beol
Hummel (f)	호박벌	ho-bak-beol
Bremse (f)	쇠파리	soe-pa-ri
Spinne (f)	거미	geo-mi
Spinnennetz (n)	거미줄	geo-mi-jul
Libelle (f)	잠자리	jam-ja-ri
Grashüpfer (m)	메뚜기	me-ttu-gi
Schmetterling (m)	나방	na-bang
Schabe (f)	바퀴벌레	ba-kwi-beol-le
Zecke (f)	진드기	jin-deu-gi
Floh (m)	벼룩	byeo-ruk
Kriebelmücke (f)	깔따구	kkal-tta-gu
Heuschrecke (f)	메뚜기	me-ttu-gi
Schnecke (f)	달팽이	dal-paeng-i
Heimchen (n)	귀뚜라미	gwi-ttu-ra-mi
Leuchtkäfer (m)	개똥벌레	gae-ttong-beol-le
Marienkäfer (m)	무당벌레	mu-dang-beol-le
Maikäfer (m)	왕풍뎅이	wang-pung-deng-i
Blutegel (m)	거머리	geo-meo-ri
Raupe (f)	애벌레	ae-beol-le
Wurm (m)	지렁이	ji-reong-i
Larve (f)	애벌레	ae-beol-le

Flora

142. Bäume

Baum (m)	나무	na-mu
Laub-	낙엽수의	na-gyeop-su-ui
Nadel-	침엽수의	chi-myeop-su-ui
immergrün	상록의	sang-no-gui
Apfelbaum (m)	사과나무	sa-gwa-na-mu
Birnbaum (m)	배나무	bae-na-mu
Kirschbaum (m)	벚나무	beon-na-mu
Pflaumenbaum (m)	자두나무	ja-du-na-mu
Birke (f)	자작나무	ja-jang-na-mu
Eiche (f)	오크	o-keu
Linde (f)	보리수	bo-ri-su
Espe (f)	사시나무	sa-si-na-mu
Ahorn (m)	단풍나무	dan-pung-na-mu
Fichte (f)	가문비나무	ga-mun-bi-na-mu
Kiefer (f)	소나무	so-na-mu
Lärche (f)	낙엽송	na-gyeop-song
Tanne (f)	전나무	jeon-na-mu
Zeder (f)	시다	si-da
Pappel (f)	포플러	po-peul-leo
Vogelbeerbaum (m)	마가목	ma-ga-mok
Weide (f)	버드나무	beo-deu-na-mu
Erle (f)	오리나무	o-ri-na-mu
Buche (f)	너도밤나무	neo-do-bam-na-mu
Ulme (f)	느릅나무	neu-reum-na-mu
Esche (f)	물푸레나무	mul-pu-re-na-mu
Kastanie (f)	밤나무	bam-na-mu
Magnolie (f)	목련	mong-nyeon
Palme (f)	야자나무	ya-ja-na-mu
Zypresse (f)	사이프러스	sa-i-peu-reo-seu
Mangrovenbaum (m)	맹그로브	maeng-geu-ro-beu
Baobab (m)	바오밥나무	ba-o-bam-na-mu
Eukalyptus (m)	유칼립투스	yu-kal-lip-tu-seu
Mammutbaum (m)	세쿼이아	se-kwo-i-a

143. Büsche

Strauch (m)	덤불	deom-bul
Gebüsch (n)	관목	gwan-mok

Weinstock (m)	포도 덩굴	po-do deong-gul
Weinberg (m)	포도밭	po-do-bat
Himbeerstrauch (m)	라즈베리	ra-jeu-be-ri
rote Johannisbeere (f)	레드커런트 나무	re-deu-keo-reon-teu na-mu
Stachelbeerstrauch (m)	구스베리 나무	gu-seu-be-ri na-mu
Akazie (f)	아카시아	a-ka-si-a
Berberitze (f)	매자나무	mae-ja-na-mu
Jasmin (m)	재스민	jae-seu-min
Wacholder (m)	두송	du-song
Rosenstrauch (m)	장미 덤불	jang-mi deom-bul
Heckenrose (f)	찔레나무	jjil-le-na-mu

144. Obst. Beeren

Apfel (m)	사과	sa-gwa
Birne (f)	배	bae
Pflaume (f)	자두	ja-du
Erdbeere (f)	딸기	ttal-gi
Sauerkirsche (f)	신양	si-nyang
Süßkirsche (f)	양벚나무	yang-beon-na-mu
Weintrauben (pl)	포도	po-do
Himbeere (f)	라즈베리	ra-jeu-be-ri
schwarze Johannisbeere (f)	블랙커런트	beul-laek-keo-ren-teu
rote Johannisbeere (f)	레드커런트	re-deu-keo-ren-teu
Stachelbeere (f)	구스베리	gu-seu-be-ri
Moosbeere (f)	크랜베리	keu-raen-be-ri
Apfelsine (f)	오렌지	o-ren-ji
Mandarine (f)	귤	gyul
Ananas (f)	파인애플	pa-in-ae-peul
Banane (f)	바나나	ba-na-na
Dattel (f)	대추야자	dae-chu-ya-ja
Zitrone (f)	레몬	re-mon
Aprikose (f)	살구	sal-gu
Pfirsich (m)	복숭아	bok-sung-a
Kiwi (f)	키위	ki-wi
Grapefruit (f)	자몽	ja-mong
Beere (f)	장과	jang-gwa
Beeren (pl)	장과류	jang-gwa-ryu
Preiselbeere (f)	월귤나무	wol-gyul-la-mu
Walderdbeere (f)	야생딸기	ya-saeng-ttal-gi
Heidelbeere (f)	빌베리	bil-be-ri

145. Blumen. Pflanzen

Blume (f)	꽃	kkot
Blumenstrauß (m)	꽃다발	kkot-da-bal

Rose (f)	장미	jang-mi
Tulpe (f)	튤립	tyul-lip
Nelke (f)	카네이션	ka-ne-i-syeon
Gladiole (f)	글라디올러스	geul-la-di-ol-leo-seu

Kornblume (f)	수레국화	su-re-guk-wa
Glockenblume (f)	실잔대	sil-jan-dae
Löwenzahn (m)	민들레	min-deul-le
Kamille (f)	캐모마일	kae-mo-ma-il

Aloe (f)	알로에	al-lo-e
Kaktus (m)	선인장	seon-in-jang
Gummibaum (m)	고무나무	go-mu-na-mu

Lilie (f)	백합	baek-ap
Geranie (f)	제라늄	je-ra-nyum
Hyazinthe (f)	히아신스	hi-a-sin-seu

Mimose (f)	미모사	mi-mo-sa
Narzisse (f)	수선화	su-seon-hwa
Kapuzinerkresse (f)	한련	hal-lyeon

Orchidee (f)	난초	nan-cho
Pfingstrose (f)	모란	mo-ran
Veilchen (n)	바이올렛	ba-i-ol-let

Stiefmütterchen (n)	팬지	paen-ji
Vergissmeinnicht (n)	물망초	mul-mang-cho
Gänseblümchen (n)	데이지	de-i-ji

Mohn (m)	양귀비	yang-gwi-bi
Hanf (m)	삼	sam
Minze (f)	박하	bak-a

| Maiglöckchen (n) | 은방울꽃 | eun-bang-ul-kkot |
| Schneeglöckchen (n) | 스노드롭 | seu-no-deu-rop |

Brennnessel (f)	쐐기풀	sswae-gi-pul
Sauerampfer (m)	수영	su-yeong
Seerose (f)	수련	su-ryeon
Farn (m)	고사리	go-sa-ri
Flechte (f)	이끼	i-kki

Gewächshaus (n)	온실	on-sil
Rasen (m)	잔디	jan-di
Blumenbeet (n)	꽃밭	kkot-bat

Pflanze (f)	식물	sing-mul
Gras (n)	풀	pul
Grashalm (m)	풀잎	pu-rip

Blatt (n)	잎	ip
Blütenblatt (n)	꽃잎	kko-chip
Stiel (m)	줄기	jul-gi
Knolle (f)	구근	gu-geun
Jungpflanze (f)	새싹	sae-ssak

Dorn (m)	가시	ga-si
blühen (vi)	피우다	pi-u-da
welken (vi)	시들다	si-deul-da
Geruch (m)	향기	hyang-gi
abschneiden (vt)	자르다	ja-reu-da
pflücken (vt)	따다	tta-da

146. Getreide, Körner

Getreide (n)	곡물	gong-mul
Getreidepflanzen (pl)	곡류	gong-nyu
Ähre (f)	이삭	i-sak
Weizen (m)	밀	mil
Roggen (m)	호밀	ho-mil
Hafer (m)	귀리	gwi-ri
Hirse (f)	수수, 기장	su-su, gi-jang
Gerste (f)	보리	bo-ri
Mais (m)	옥수수	ok-su-su
Reis (m)	쌀	ssal
Buchweizen (m)	메밀	me-mil
Erbse (f)	완두	wan-du
weiße Bohne (f)	강낭콩	gang-nang-kong
Sojabohne (f)	콩	kong
Linse (f)	렌즈콩	ren-jeu-kong
Bohnen (pl)	콩	kong

LÄNDER. NATIONALITÄTEN

147. Westeuropa

| Europa (n) | 유럽 | yu-reop |
| Europäische Union (f) | 유럽 연합 | yu-reop byeon-hap |

Österreich	오스트리아	o-seu-teu-ri-a
Großbritannien	영국	yeong-guk
England	잉글랜드	ing-geul-laen-deu
Belgien	벨기에	bel-gi-e
Deutschland	독일	do-gil

Niederlande (f)	네덜란드	ne-deol-lan-deu
Holland (n)	네덜란드	ne-deol-lan-deu
Griechenland	그리스	geu-ri-seu
Dänemark	덴마크	den-ma-keu
Irland	아일랜드	a-il-laen-deu
Island	아이슬란드	a-i-seul-lan-deu

Spanien	스페인	seu-pe-in
Italien	이탈리아	i-tal-li-a
Zypern	키프로스	ki-peu-ro-seu
Malta	몰타	mol-ta

Norwegen	노르웨이	no-reu-we-i
Portugal	포르투갈	po rou tu gal
Finnland	핀란드	pil-lan-deu
Frankreich	프랑스	peu-rang-seu

Schweden	스웨덴	seu-we-den
Schweiz (f)	스위스	seu-wi-seu
Schottland	스코틀랜드	seu-ko-teul-laen-deu

Vatikan (m)	바티칸	ba-ti-kan
Liechtenstein	리히텐슈타인	ri-hi-ten-syu-ta-in
Luxemburg	룩셈부르크	ruk-sem-bu-reu-keu
Monaco	모나코	mo-na-ko

148. Mittel- und Osteuropa

Albanien	알바니아	al-ba-ni-a
Bulgarien	불가리아	bul-ga-ri-a
Ungarn	헝가리	heong-ga-ri
Lettland	라트비아	ra-teu-bi-a

| Litauen | 리투아니아 | ri-tu-a-ni-a |
| Polen | 폴란드 | pol-lan-deu |

Rumänien	루마니아	ru-ma-ni-a
Serbien	세르비아	se-reu-bi-a
Slowakei (f)	슬로바키아	seul-lo-ba-ki-a
Kroatien	크로아티아	keu-ro-a-ti-a
Tschechien	체코	che-ko
Estland	에스토니아	e-seu-to-ni-a
Bosnien und Herzegowina	보스니아 헤르체코비나	bo-seu-ni-a he-reu-che-ko-bi-na
Makedonien	마케도니아	ma-ke-do-ni-a
Slowenien	슬로베니아	seul-lo-be-ni-a
Montenegro	몬테네그로	mon-te-ne-geu-ro

149. Frühere UdSSR Republiken

Aserbaidschan	아제르바이잔	a-je-reu-ba-i-jan
Armenien	아르메니아	a-reu-me-ni-a
Weißrussland	벨로루시	bel-lo-ru-si
Georgien	그루지야	geu-ru-ji-ya
Kasachstan	카자흐스탄	ka-ja-heu-seu-tan
Kirgisien	키르기스스탄	ki-reu-gi-seu-seu-tan
Moldawien	몰도바	mol-do-ba
Russland	러시아	reo-si-a
Ukraine (f)	우크라이나	u-keu-ra-i-na
Tadschikistan	타지키스탄	ta-ji-ki-seu-tan
Turkmenistan	투르크메니스탄	tu-reu-keu-me-ni-seu-tan
Usbekistan	우즈베키스탄	u-jeu-be-ki-seu-tan

150. Asien

Asien	아시아	a-si-a
Vietnam	베트남	be-teu-nam
Indien	인도	in-do
Israel	이스라엘	i-seu-ra-el
China	중국	jung-guk
Libanon (m)	레바논	re-ba-non
Mongolei (f)	몽골	mong-gol
Malaysia	말레이시아	mal-le-i-si-a
Pakistan	파키스탄	pa-ki-seu-tan
Saudi-Arabien	사우디아라비아	sa-u-di-a-ra-bi-a
Thailand	태국	tae-guk
Taiwan	대만	dae-man
Türkei (f)	터키	teo-ki
Japan	일본	il-bon
Afghanistan	아프가니스탄	a-peu-ga-ni-seu-tan

Bangladesch	방글라데시	bang-geul-la-de-si
Indonesien	인도네시아	in-do-ne-si-a
Jordanien	요르단	yo-reu-dan
Irak	이라크	i-ra-keu
Iran	이란	i-ran
Kambodscha	캄보디아	kam-bo-di-a
Kuwait	쿠웨이트	ku-we-i-teu
Laos	라오스	ra-o-seu
Myanmar	미얀마	mi-yan-ma
Nepal	네팔	ne-pal
Vereinigten Arabischen Emirate	아랍에미리트	a-ra-be-mi-ri-teu
Syrien	시리아	si-ri-a
Palästina	팔레스타인	pal-le-seu-ta-in
Südkorea	한국	han-guk
Nordkorea	북한	buk-an

151. Nordamerika

Die Vereinigten Staaten	미국	mi-guk
Kanada	캐나다	kae-na-da
Mexiko	멕시코	mek-si-ko

152. Mittel- und Südamerika

Argentinien	아르헨티나	a-reu-hen-ti-na
Brasilien	브라질	beu-ra-jil
Kolumbien	콜롬비아	kol-lom-bi-a
Kuba	쿠바	ku-ba
Chile	칠레	chil-le
Bolivien	볼리비아	bol-li-bi-a
Venezuela	베네수엘라	be-ne-su-el-la
Paraguay	파라과이	pa-ra-gwa-i
Peru	페루	pe-ru
Suriname	수리남	su-ri-nam
Uruguay	우루과이	u-ru-gwa-i
Ecuador	에콰도르	e-kwa-do-reu
Die Bahamas	바하마	ba-ha-ma
Haiti	아이티	a-i-ti
Dominikanische Republik	도미니카 공화국	do-mi-ni-ka gong-hwa-guk
Panama	파나마	pa-na-ma
Jamaika	자메이카	ja-me-i-ka

153. Afrika

Ägypten	이집트	i-jip-teu
Marokko	모로코	mo-ro-ko
Tunesien	튀니지	twi-ni-ji
Ghana	가나	ga-na
Sansibar	잔지바르	jan-ji-ba-reu
Kenia	케냐	ke-nya
Libyen	리비아	ri-bi-a
Madagaskar	마다가스카르	ma-da-ga-seu-ka-reu
Namibia	나미비아	na-mi-bi-a
Senegal	세네갈	se-ne-gal
Tansania	탄자니아	tan-ja-ni-a
Republik Südafrika	남아프리카 공화국	nam-a-peu-ri-ka gong-hwa-guk

154. Australien. Ozeanien

Australien	호주	ho-ju
Neuseeland	뉴질랜드	nyu-jil-laen-deu
Tasmanien	태즈메이니아	tae-jeu-me-i-ni-a
Französisch-Polynesien	폴리네시아	pol-li-ne-si-a

155. Städte

Amsterdam	암스테르담	am-seu-te-reu-dam
Ankara	앙카라	ang-ka-ra
Athen	아테네	a-te-ne
Bagdad	바그다드	ba-geu-da-deu
Bangkok	방콕	bang-kok
Barcelona	바르셀로나	ba-reu-sel-lo-na
Beirut	베이루트	be-i-ru-teu
Berlin	베를린	be-reul-lin
Bombay	봄베이, 뭄바이	bom-be-i, mum-ba-i
Bonn	본	bon
Bordeaux	보르도	bo-reu-do
Bratislava	브라티슬라바	beu-ra-ti-seul-la-ba
Brüssel	브뤼셀	beu-rwi-sel
Budapest	부다페스트	bu-da-pe-seu-teu
Bukarest	부쿠레슈티	bu-ku-re-syu-ti
Chicago	시카고	si-ka-go
Daressalam	다르에스살람	da-reu-e-seu-sal-lam
Delhi	델리	del-li
Den Haag	헤이그	he-i-geu
Dubai	두바이	du-ba-i

Dublin	더블린	deo-beul-lin
Düsseldorf	뒤셀도르프	dwi-sel-do-reu-peu

Florenz	플로렌스	peul-lo-ren-seu
Frankfurt	프랑크푸르트	peu-rang-keu-pu-reu-teu
Genf	제네바	je-ne-ba

Hamburg	함부르크	ham-bu-reu-keu
Hanoi	하노이	ha-no-i
Havanna	아바나	a-ba-na
Helsinki	헬싱키	hel-sing-ki
Hiroshima	히로시마	hi-ro-si-ma
Hongkong	홍콩	hong-kong
Istanbul	이스탄불	i-seu-tan-bul
Jerusalem	예루살렘	ye-ru-sal-lem

Kairo	카이로	ka-i-ro
Kalkutta	켈커타	kael-keo-ta
Kiew	키예프	ki-ye-peu
Kopenhagen	코펜하겐	ko-pen-ha-gen
Kuala Lumpur	콸라룸푸르	kwal-la-rum-pu-reu

Lissabon	리스본	ri-seu-bon
London	런던	reon-deon
Los Angeles	로스앤젤레스	ro-seu-aen-jel-le-seu
Lyon	리옹	ri-ong

Madrid	마드리드	ma-deu-ri-deu
Marseille	마르세유	ma-reu-se-yu
Mexiko-Stadt	멕시코시티	mek-si-ko-si-ti
Miami	마이애미	ma-i-ae-mi
Montreal	몬트리올	mon-teu-ri-ol
Moskau	모스크바	mo-seu-keu-ba
München	뮌헨	mwin-hen

Nairobi	나이로비	na-i-ro-bi
Neapel	나폴리	na-pol-li
New York	뉴욕	nyu-yok
Nizza	니스	ni-seu
Oslo	오슬로	o-seul-lo
Ottawa	오타와	o-ta-wa

Paris	파리	pa-ri
Peking	베이징	be-i-jing
Prag	프라하	peu-ra-ha
Rio de Janeiro	리우데자네이루	ri-u-de-ja-ne-i-ru
Rom	로마	ro-ma

Sankt Petersburg	상트페테르부르크	sang-teu-pe-te-reu-bu-reu-keu

Schanghai	상하이	sang-ha-i
Seoul	서울	seo-ul
Singapur	싱가포르	sing-ga-po-reu
Stockholm	스톡홀름	seu-tok-ol-leum
Sydney	시드니	si-deu-ni
Taipeh	타이베이	ta-i-be-i

Tokio	도쿄	do-kyo
Toronto	토론토	to-ron-to
Venedig	베니스	be-ni-seu
Warschau	바르샤바	ba-reu-sya-ba
Washington	워싱턴	wo-sing-teon
Wien	빈	bin

www.ingramcontent.com/pod-product-compliance
Lightning Source LLC
Chambersburg PA
CBHW070604050426
42450CB00011B/2976